CAMBRIDGE LIBRARY COLLECTION

Books of enduring scholarly value

Spiritualism and Esoteric Knowledge

Magic, superstition, the occult sciences and esoteric knowledge appear regularly in the history of ideas alongside more established academic disciplines such as philosophy, natural history and theology. Particularly fascinating are periods of rapid scientific advances such as the Renaissance or the nineteenth century which also see a burgeoning of interest in the paranormal among the educated elite. This series provides primary texts and secondary sources for social historians and cultural anthropologists working in these areas, and all who wish for a wider understanding of the diverse intellectual and spiritual movements that formed a backdrop to the academic and political achievements of their day. It ranges from works on Babylonian and Jewish magic in the ancient world, through studies of sixteenth-century topics such as Cornelius Agrippa and the rapid spread of Rosicrucianism, to nineteenth-century publications by Sir Walter Scott and Sir Arthur Conan Doyle. Subjects include astrology, mesmerism, spiritualism, theosophy, clairvoyance, and ghost-seeing, as described both by their adherents and by sceptics.

Henri Cornélis Agrippa

Heinrich Cornelius Agrippa (1486–1535) was a controversial Renaissance theologian and writer who published work on the occult and magic, and his writings influenced later leading literary figures such as Goethe. Agrippa, although born near Cologne, spent his life travelling around Europe, to Italy, Spain, France, England, Switzerland and the Netherlands. He wrote his *De occulta philosophia* in 1511 (though it was not published until twenty years later) and its three volumes are the best-known works on Renaissance magic, though Agrippa tried to distance himself from the occult side and instead stress more metaphysical aspects. In *Henri Cornélis Agrippa*, published in 1911, writer Joseph Orsier examines Agrippa's life. The first part of the work discusses Agrippa's travels, writings, thoughts and controversies. The second part is a translation collection of seventy of his letters, dating from 1509 to 1532, to and from a range of correspondents, including Erasmus.

Cambridge University Press has long been a pioneer in the reissuing of out-of-print titles from its own backlist, producing digital reprints of books that are still sought after by scholars and students but could not be reprinted economically using traditional technology. The Cambridge Library Collection extends this activity to a wider range of books which are still of importance to researchers and professionals, either for the source material they contain, or as landmarks in the history of their academic discipline.

Drawing from the world-renowned collections in the Cambridge University Library, and guided by the advice of experts in each subject area, Cambridge University Press is using state-of-the-art scanning machines in its own Printing House to capture the content of each book selected for inclusion. The files are processed to give a consistently clear, crisp image, and the books finished to the high quality standard for which the Press is recognised around the world. The latest print-on-demand technology ensures that the books will remain available indefinitely, and that orders for single or multiple copies can quickly be supplied.

The Cambridge Library Collection will bring back to life books of enduring scholarly value (including out-of-copyright works originally issued by other publishers) across a wide range of disciplines in the humanities and social sciences and in science and technology.

Henri Cornélis Agrippa

Sa Vie et Son Oeuvre d'Après Sa Correspondance (1486–1535)

Joseph Orsier

CAMBRIDGE UNIVERSITY PRESS

Cambridge, New York, Melbourne, Madrid, Cape Town,
Singapore, São Paolo, Delhi, Tokyo, Mexico City

Published in the United States of America by Cambridge University Press, New York

www.cambridge.org
Information on this title: www.cambridge.org/9781108028707

© in this compilation Cambridge University Press 2011

This edition first published 1911
This digitally printed version 2011

ISBN 978-1-108-02870-7 Paperback

HENRI CORNÉLIS AGRIPPA

OUVRAGES DU MÊME AUTEUR

ESSAI SUR LA PUISSANCE PATERNELLE EN FRANCE ET EN SAVOIE, 1 volume gr. in-8° — 1866 — *Epuisé.*

LE CODE CIVIL ITALIEN ET LE CODE NAPOLÉON, par MM. Huc et Orsier, Paris, 2 volumes in-8°, Cotillon, éditeur, 1868. *Epuisé.*

DES DROITS RÉELS ET DE LA PROPRIÉTÉ FONCIÈRE EN DROIT GRÉCO-ROMAIN. Paris, 1869, 1 v. in-18, Lacroix et Verboeckoven, éditeurs. *Epuisé.*

THÉORIE DES OBLIGATIONS EN DROIT GRÉCO-ROMAIN. Paris, 1869, 1 volume in-18, Lacroix et Verboeckhoven, éditeurs. *Epuisé.*

VIE ET TRAVAUX DE ZACHARIÆ (KARL-SALOMON), d'après des documents inédits, avec portrait et autographe. Paris, 1 v. gr. in-8°, 1869, Lacroix et Verboekhoven, éditeurs. *Epuisé.*

NOELZ ET CHANSONS EN FRANÇOIS ET EN PATOIS DE NICOLAS MARTIN, Lyon, 1 vol. in-18, Macé Bonhomme, 1555. Réédition faite en 1879, paroles et musique, dans la Collection du *Trésor des Vieux poètes.* Paris, Wilhem, éditeur, *Epuisé.*

COLLECTION COMPLÈTE DES COURS DE LA FACULTÉ DE DROIT DE PARIS, de 1893 à 1903. Paris, 245 volumes gr. in-8° raisin lithographiés.

COLLECTION DES PRINCIPAUX COURS DE L'ECOLE DES SCIENCES POLITIQUES DE PARIS, de 1893 à 1903. Paris, 33 v. gr. in-8, lithographiés.

HISTOIRE DU DROIT CIVIL GRÉCO-ROMAIN, contenant, avec l'exposé des principes généraux, une introduction à l'étude du droit gréco-romain ; un aperçu sommaire de son histoire externe ; le texte, la traduction et l'explication des principales sources manuscrites et documents byzantins du vi° au xvi° siècle ; leur concordance avec la législation actuelle des royaumes de Grèce et de Roumanie, et suivie : 1° d'un glossaire du droit grec moderne et du grec médiévite ; 2° d'un index analytique et alphabétique des matières. Paris, 1900, 2 v. in-8°, Chevalier-Marescq, éditeur.

LE DROIT DE FAMILLE CHEZ LES ROMAINS, cours professé à la Faculté de Droit de l'Université Nouvelle de Bruxelles, 1905. 1 v. in-8°, Larcier, éditeur à Bruxelles.

LE RÉGIME SUCCESSORAL CHEZ LES ROMAINS, cours professé en 1906. Bruxelles, 1 v. in-8°. Larcier, éditeur.

UN AMBASSADEUR DE SAVOIE, poète d'amour au xiv° siècle, Othon de Granson. Paris, 1 v. in-18, Champion, éditeur, 1909.

LA VIE ET L'ŒUVRE DE NICOLAS MARTIN, POÈTE-MUSICIEN SAVOYARD DU XVII° SIÈCLE (dans la *Revue de la Renaissance,* n° de décembre 1909, à Paris).

LA RENAISSANCE LITTÉRAIRE ET POLITIQUE DE LA CROATIE (Compte-rendu du livre de M. Vladimir Zagorsky, dans la *Revue des Idées,* Paris, n° du 15 janvier 1910).

LA MOQUERIE SAVOYARDE, apologue en vers patois de la fin du xvi° siècle, et ses origines. Paris, Champion, éditeur, in-8°, 1910.

NOELS ET CHANSONS DE SAVOIE AU XVI° SIÈCLE, 1 v. in-32 Elzévir, *sous presse,* juin 1911.

JOSEPH ORSIER

Henri Cornélis Agrippa

Sa Vie et son OEuvre

d'après sa Correspondance

(1486-1535)

PARIS

LIBRAIRIE GÉNÉRALE DES SCIENCES OCCULTES

BIBLIOTHÈQUE CHACORNAC

11, QUAI SAINT-MICHEL, 11

—

1911

INTRODUCTION

—

L'histoire intime d'un écrivain renommé intéresse toujours, et plus cet écrivain de talent a été l'objet d'acerbes critiques, plus on aime à connaître sa vie, son état d'âme et ses écrits. Au déclin du XVe siècle et dans la première moitié du XVIe, au milieu de ce groupe d'hommes distingués qui honorent cette mémorable époque, une figure apparaît multiple, bizarre, difficile à saisir avec vérité, mais aussi curieuse à étudier pour les circonstances romantiques de son existence pleine d'imprévu que par le côté scientifique. En ces temps déjà lointains, dont l'agitation et le trouble tant politique que religieux semble revivre de nos jours avec les mêmes symptômes caractéristiques, Henri Cornélis Agrippa (1) *occupe une place de savant et d'original vagabond employé tour à tour aux besognes les plus variées : militaire, humaniste, théologien, jurisconsulte, médecin, alchimiste, il possède tout le cycle des connaissances sacrées et profanes, mais il a peu d'idées générales ; c'est avant tout un vulgarisateur, doué d'une vaste érudition compliquée de tous les écarts d'une extraordinaire liberté d'opinion et d'une extrême mobilité de caractère. Comme Paracelse, son contemporain également alchimiste et médecin, il se plaisait à captiver le public par les innovations les plus étranges et les doctrines les plus osées. Sa vie, sur laquelle on a beaucoup écrit de fables fantastiques, fut en harmonie avec ses paradoxes.*

On trouve dans ses 450 Epistolæ familiares (2) *sa véridique autobiographie, non moins qu'un document magnifique d'histoire littéraire, où il se révèle d'une surprenante activité qui s'est produite sur les théâtres les plus divers. Consulté par les plus puissants personnages d'alors, il n'est pas une question importante à laquelle il ne soit mêlé. Aussi, malgré ses travers et sa versatilité proverbiale, ne mérite-t-il pas de tomber sous le ridicule dont Rabelais s'est plu à le couvrir. Sur de plaisantes*

(1) Son vrai nom, donné par les pièces authentiques contemporaines est *Cornélis; Agrippa* serait, ainsi que *Nettesheim*, un simple surnom. Les comptes de finances de Metz entre 1517 et 1520, au temps où Agrippa était aux gages de cette ville, mentionne : « à *Maître Hanry Cornélis dict Agrippa...* »

(2) Elles ont été publiées dans le tome II de ses *Opera omnia*, Lyon, 1600, *apud Beringos fratres*, édition originale qui contient deux portraits sur bois d'Agrippa.

légendes, on base trop souvent son jugement et l'on se montre indifférent aux enseignements utiles qu'on peut tirer de l'étude impartiale du passé, comme parfois on en lit des pages tronquées ou travesties par l'esprit de secte ou de parti. Il est juste pour Agrippa d'apprécier l'homme et ses travaux avec indépendance. Son histoire peut offrir de l'intérêt à plus d'un point de vue : elle présente d'abord le tableau de la vie privée tout entière d'un homme de lettres au XVIᵉ siècle ; puis elle fournit d'utiles renseignements sur les hommes et les choses de son temps, et notamment sur les questions religieuses et politiques au début de la Réforme ; enfin elle donne de curieuses indications touchant les sciences et les arts occultes dans l'Europe occidentale.

Délaissant les légendes qui tantôt ont embelli, tantôt défiguré Agrippa, nous examinons nettement dans une première partie sa vie et la genèse de son œuvre qui est un reflet parfois de son roman d'aventures. Une autre étude, toute de critique, sera consacrée spécialement à ses idées et à ses écrits. Dans une seconde partie nous donnons ici la traduction de soixante-dix documents, dont on appréciera l'importance historique, non moins que l'intérêt qu'ils présentent pour démêler l'imbroglio de ses passages en divers pays, son intime pensée, ses relations avec des personnages si divers tels qu'Erasme, Tritheim, des cardinaux, Mélanchton, Lefebvre d'Étaples, le connétable de Bourbon, Louise de Savoie, Marguerite d'Autriche, Eustache Chapuys, ambassadeur de Charles Quint à Londres. Ces lettres méritaient d'être connues dans leur intégrité originale.

PREMIÈRE PARTIE

—

LA VIE ET L'ŒUVRE D'AGRIPPA

HENRI CORNÉLIS AGRIPPA DANS SA VIE
ET DANS SON ŒUVRE
—

I

Cette figure, intéressante pour l'histoire littéraire et le mouvement des idées libérales au xvi° siècle, offre de singuliers contrastes. On va suivre son étrange destinée qu'après des alternatives de prospérité et de sombre misère l'on verra obscurément finir à l'improviste dans un coin de France, en Dauphiné. L'iconographie de ce cosmopolite est aussi abondante que ses biographies, dont pas une ne se ressemble. Incontestablement la meilleure de ses images, celle qui a été faite de son vivant et placée en tête de son édition in-folio de sa *Philosophie occulte* donnée à Cologne en 1533, représente une bonne physionomie très probablement conforme à la nature du modèle, comme, de son temps, Bayle a le mieux retracé son état d'âme et les péripéties de cette existence agitée. Mais il n'est point facile de faire un portrait fidèle d'un tel homme dont tout en lui peut apporter un démenti à la célèbre sentence de Publius Syrus(1).

En se pénétrant de ses écrits et des circonstances variées de sa vie, on arrive cependant à esquisser une ressemblance qui se rapproche de la vérité. Agrippa, avide de notoriété, porté d'instinct vers le nouveau et l'inconnu, incapable de se fixer quelque part, ramené de ses illusions brillantes par la force des choses à l'implacable réalité, hâbleur, vantard, en lutte perpétuelle avec les soucis, romanesque de fait et de tempérament, n'a pu nécessairement fournir toute la mesure du grand esprit qu'il laisse entrevoir comme précurseur de Descartes. Loin d'être dénué de talent, il était au contraire

(1) « *Sermo animi est imago : qualis vir, talis et oratio est.* » Paris, petite éd. Panckoucke, 1825, p. 94.

éminemment pourvu de dons naturels, d'intelligence ouverte aux lettres, aux sciences et aux arts, de sentiments généreux, d'une bonté native aux services des malheureux. Avec cela, de mœurs pures, éloquent, chaleureux dans ses discours, d'agréable compagnie, dévoué à ceux qu'il aimait, il sut conserver de grandes amitiés. Plein de tendresse attentive envers les siens, homme de famille, il gagna l'inaltérable amour de ses deux premières femmes qu'il pleura beaucoup. Par contre, combattif à l'excès, vindicatif, de mordants propos, ne connaissant nulle borne dans ses querelles théologiques ou politiques, d'un fonds d'humeur essentiellement satirique, source fréquente de ses disgrâces. Il lui manque vraiment cette direction intérieure de l'âme qui seule peut affermir une moralité sans défaillance. Tout en proclamant bien haut son désintéressement, on le voit souvent fléchir par des considérations mesquines d'intérêt ; quoique se prévalant de son courage avec ostentation, il se laisse parfois dominer par une sorte de pusillanimité enfantine ; à une activité dévorante succèdent des intervalles d'abattement par compatible avec ses prétentions militaires. Obséquieux envers les grands, il est pourtant frondeur et, rebelle à toute discipline, et malgré ses protestations d'indépendance, il se plaît à rechercher les faveurs.

Ces contradictions flagrantes résultent d'un désaccord fondamental entre son esprit et son caractère : *esprit* inventif, génial même, plein de vivacité et d'audace, — *caractère* faible, inconsistant, déréglé. A ces précieuses qualités, il allie ainsi des défauts et des tendances funestes qui doivent faire son malheur au milieu de ce monde, cependant si bizarre et si mélangé, de la Renaissance.

La plupart de ceux qui ont parlé de ce savant bohême ont raconté les faits les plus contradictoires. Parmi ses contemporains, Agrippa a joui de la double renommée d'un grand érudit auprès des lettrés et d'un magicien dans l'opinion du vulgaire. On a dit qu'il était d'une famille vieille, riche et noble.

Vieille, on ne peut le dire, notre auteur n'ayant pas lui-même dressé son arbre généalogique, ni personne pour lui ; — riche, il est permis de penser, et il y a pour cela d'excellentes raisons tirées du sort précaire qu'Agrippa a presque toujours subi (ses lettres en sont une preuve convaincante), que cette richesse n'a guère existé que dans l'imagination de biographes trop épris de leur sujet ; — noble, on a discuté sa noblesse d'origine et sa particule *de Nettesheim* (1).

(1) Conf. *Auguste Prost*, Corneille Agrippa, tome II, pages 434-436 : Les prétentions d'Agrippa à la noblesse de naissance (Paris, Champion éd., 1882.) — *M. H.*

Si l'on en croit Bayle (1), Teissier, sur la foi de M. de Thou, aurait fait naître Agrippa à Nettesheim, nom d'un village au nord de Cologne, aujourd'hui dans le cercle de Neuss, province de Düsseldorf. Un biographe plus ancien, Thevet (2), qui ne fait d'ailleurs que reproduire avec autant de crédulité que de bonne foi les racontars de Paul Jove (3), de Melchior Adam et d'autres encore, déclare qu'Henri Cornélis Agrippa naquit en la ville de *Nestre*. Thevet croyait sans doute écrire de l'histoire. N'était-il pas facile, cependant, sur les propres indications d'Agrippa, pour peu qu'on eût consulté sa correspondance, de reconstituer la vérité? Il naquit à *Cologne* (4), où habitaient ses ancêtres, le 14 septembre 1486. Son adolescence s'écoula au début de ce xvi⁰ siècle si remuant, si vivace, dont il semble avoir aspiré en germe toutes les tendances rénovatrices. Les traditions de sa famille lui imposaient le métier des armes : il y a lieu d'admettre qu'elle ne lui était pas antipathique, à s'en rapporter aux péripéties de sa carrière et à l'humeur belliqueuse qui ressort de toutes les phases qu'il a traversées. Ce type aventureux devait envisager non sans plaisir les hasards à la fois terribles et charmants de ces longues chevauchées à travers l'Europe, sur les pas de l'errant Maximilien, du chevaleresque François I⁰ʳ ou du cauteleux Charles-Quint.

Ses aïeux ayant servi l'empereur d'Autriche, il était naturel que lui aussi, dès ses plus jeunes années, s'enrôlât sous la bannière de ce souverain. D'après des pièces authentiques on peut conjecturer que les sept ans qu'Agrippa passa dans l'armée autrichienne s'écoulèrent tantôt en Espagne, tantôt en Italie, tantôt dans les Pays-Bas, de 1501 à 1507. Mais on doit regretter l'absence de tout renseignement sur le rôle qu'il joua au cours de cette période initiale. A ce propos, il est lui-même d'une grande sobriété, dont il ne se départ que pour indiquer qu'il a été créé chevalier sur le champ de bataille après une action d'éclat (5). Qu'il ait exercé le métier militaire sans intermittence, il faut élever à cet égard un doute fondé sur ce fait qu'en abandonnant son grade de capitaine et le service de l'empereur, il était déjà prêt à subir ses thèses en médecine et *in utroque jure*. Ses

Morley, The life of H. C. Agrippa von Nettesheim, Londres, 2 vol. 8⁰, 1856, parle de la famille aristocratique d'Agrippa.

(1) Dict. hist. et critique, 1697. Conf. *Niceron*, éd. Briasson, Paris, 1732, t. XX p. 104 ; — *Ant. Tessier*, les Eloges des hommes scavans... Utrech, pet. 8⁰, 1696.

(2) Les vrais pourtraits et vies des hommes illustres, 1584.

(3) Elogia virorum litteris illustrium, Venise, 1546.

(4) Les *Amenitates litterariæ* de *Schelhornius* le font Belge de naissance (Leipsick, 2 v. 8, 1737-38, tome II, p. 553).

(5) « *Humano sanguine sacratus* ». Conf. *Epist.*, livre VI, 22 ; VII, 21.

lettres en parlent avec quelque forfanterie (1). Il avait beaucoup
étudié, beaucoup voyagé, beaucoup appris.

II

En 1507, il est à Paris ; mais bientôt, faute de ressources, il se
voit obligé de revenir à Cologne. Cependant Paris l'attirait, et il en
parlait avec regret, y laissant de bonnes et solides relations qu'il
sut conserver. De retour au foyer paternel, il s'occupe de sciences
occultes, très à la mode à cette époque : il fonde même une asso-
ciation de *chercheurs* dont les ramifications ne tarderont pas à s'étendre par toute l'Europe.

Rappelé en 1508 au service de l'empereur, on le trouve au pied
des Pyrénées, et ici apparaît une singulière aventure dont Agrippa
s'est plu à raconter en détail les péripéties Dans cet épisode de
sa vie militaire relatif à une répression contre des paysans révoltés, Agrippa eut recours à quelques engins de guerre de son inven-
tion dont l'emploi fit merveille : il s'occupait déjà de ces fameuses
découvertes pyrotechniques longuement exposées dans un traité
qu'il n'a sans doute jamais achevé et qu'il n'a point publié. Au milieu
du danger qu'il courut dans cette expédition, c'est à un moine qu'il
dut son salut. Plus tard c'est à d'autres moines qu'il devra une grande
partie de ses infortunes.

Il est probable qu'il regagna encore alors sa ville natale, où il se
ravitailla, pour de là recommencer ses excursions mondiales. L'Espagne et l'Italie l'attiraient et le retenaient également, mais il avait
pour la France une secrète prédilection. D'après une lettre adressée
à son ami Landolphe (2), dans laquelle il revient sur son équipée militaire, il aurait gagné Avignon, où il vécut avec quelques amis qui,
comme lui, cherchaient la pierre philosophale. Cette lettre est datée
du 9 février 1509. Le 5 juin de la même année, on le retrouve à Autun,
dans l'abbaye de Saint-Symphorien, toujours préoccupé des sciences
occultes. La même année, à une date imprécise, il est à Dôle, en
Bourgogne (3).

Là, pour la première fois, il aborde la chaire et le public. C'est là

(1) *Epist.*, II, 19 ; VI, 22 ; VII, 21. Conf. *Opera omnia*, II, pp.595-597.
(2) *Epist.*, I, 2. Nous donnons la traduction de cette lettre, pp. 43 à 48.
(3) *Epist.*, I, 10. Voir cette lettre *in-extenso* pp. 43 à 48 de cette étude.

aussi qu'il commence à exciter la haine irréductible des moines, et en particulier du fameux Catilinet. En quelques lecons, devant un auditoire empressé, composé de tout ce que la ville contenait d'hommes distingués, il entreprend l'explication raisonnée de l'ouvrage de Jean Reuchlin : *De verbo mirifico* (1). Ce philologue allemand était plus connu sous le nom de *Capnion*, l'interlocuteur chrétien de son dialogue, et qui n'est d'ailleurs que la traduction grecque du radical de son propre nom.

Le *Verbum mirificum* n'est autre chose qu'une étude des religions comparées dont la conclusion est que, de toutes les religions, le catholicisme est la forme qui répond le mieux aux besoins et aux secrètes aspirations de l'espèce humaine. Seulement, l'auteur, dans cet ouvrage, use d'une grande liberté d'examen, ce qui l'exposa à des persécutions cléricales qui troublèrent une grande partie de son existence. En tout cas, Agrippa commenta ce livre, sinon avec une entière compétence, au moins avec un incontestable succès. Il se savait alors soutenu dans cette tâche presque audacieuse par Marguerite d'Autriche, gouvernante des Pays-Bas, qui l'honorait de sa protection. A cette haute influence il dut aussi d'être nommé professeur de théologie au collège de la dite ville. En reconnaissance de tant de bienfaits, Agrippa résolut d'écrire un volume sur *l'Excellence du sexe féminin et sa supériorité sur le sexe masculin*. L'ouvrage allait être livré à l'impression quand les moines, qu'il avait profondément irrités, jugèrent à propos d'intervenir. On ne possède aucune pièce pouvant fournir quelque clarté sur cette lutte si pleine d'intérêt, mais on en a toutefois la défense publiée par Agrippa, un des meilleurs morceaux sortis de la plume de ce capricieux écrivain (2). Le moine Catilinet y est fort spirituellement battu avec ses propres armes ; Henri Cornelis, qui n'est pas lui-même un exemple de mansuétude, le ramène avec beaucoup d'habileté, en s'appuyant des Saintes Ecritures, à la modestie, à l'humilité, à l'esprit de paix et de fraternité qui doivent être les vertus obligatoires d'un homme d'Eglise. Un plaidoyer comme celui-là méritait une absolution enthousiaste. Mais Agrippa ne put gagner sa cause et dut même laisser le champ libre à

(1) Ce livre, entre les années 1494 et 1552, eut cinq éditions, dont l'une sans date, mais gothique. Il fut réimprimé à Bâle en 1587 dans les *Artis cabalisticæ scriptores*, in-folio. Reuchlin naquit à Pforzheim en 1455 et mourut à Stuttgart en 1522. Conf. *Dr Geiger*, Johann Reuchlin sein Leben und seine Werke, Leipsick, 8°, 1871, p. 488.

(2) *Expostulatio super expositione sua in librum de verbo mirifico cum Johanne Catilineto...* Ce factum, composé à Londres en 1510 par Agrippa, parut à Anvers en 1529.

ses adversaires. Il partait atteint d'un soupçon d'hérésie dont il ne se débarrassera jamais, en dépit de toutes les protestations. Semblable soupçon était d'une extrême gravité au moment où Luther et ses disciples commençaient à semer en Allemagne comme en France le germe du schisme qui allait avoir un si retentissant éclat.

III

Prétendant qu'une affaire secrète l'y appelait, Agrippa se dirigea en 1510 vers l'Angleterre, où il écrivit ses *Commentaires sur les Epttres de saint Paul* (1). Tous ceux qui ont écrit sur Agrippa ont négligé de donner à ce sujet quelques éclaircissements. Bayle lui-même, qui est à la fois le plus ardent défenseur d'Agrippa et son biographe le plus exact, se contente d'indiquer qu'il descendit à Londres « chez le célèbre Jean Colet », un confrère de ce Catilinet qui venait de l'attaquer si violemment à Gand devant Marguerite d'Autriche. Agrippa lui-même est extrêmement sobre de renseignements sur cette mission ; plus d'une fois reviennent chez ce bohème original ces réticences calculées qui, si elles jettent quelque obscurité sur son existence romantique, viennent en revanche révéler certains côtés de son caractère hâbleur. Le médecin, le légiste, le diplomate, l'orateur, le savant, l'alchimiste et le philosophe qu'il était ne parvinrent jamais à se débarrasser du pourpoint et des rodomontades du capitaine qu'il avait été. Peu d'années plus tard, il aura un imitateur en France qui s'appelle, non sans gloire, *Cyrano de Bergerac*.

Toujours est-il que son séjour auprès de Jean Colet en Angleterre ne fut pas de longue durée, puisque, la même année 1510, il reparaît à Cologne, où il professa la théologie (2). Dans un voyage qu'il fait à Wurtzbourg, il noue des relations amicales avec l'abbé Tritheim, qui étudiait les sciences occultes. Quelle puissante attraction ces redoutables et mystérieux problèmes exerçaient déjà sur son

(1) *Commentariola in epist. Pauli ad Romanos.* Ce travail, commencé en 1510 à Londres et poussé jusqu'au chap. VI, est resté inachevé. Perdu en Italie au moment de Marignan, il fut retrouvé en 1523 par Agrippa dans les mains d'un de ses anciens élèves, mais n'est pas parvenu jusqu'à nous. *Epist.*, III, 40, 41, 42.

(2) Agrippa n'était point docteur en théologie, comme il le dit lui-même dans *Opera omnia*, tome II, p. 595 : « *Ego certe theologi nomen mihi arrogare non ausim.* » Conf. idem, p. 628, et *Epist.*, II, 19. Vers la fin de 1510, il donne à Cologne des thèses, ou *Placita theologica quæ quodlibeta dicuntur*, à l'Université.

intelligence avide de nouveau ! Cette liaison avec l'abbé Tritheim l'entraîne à terminer un ouvrage qu'il avait sur le chantier depuis longtemps, ouvrage auquel il n'aurait pas donné tant d'extension sans les conseils de son maître et ami : *la Philosophie occulte*, qui est la première encyclopédie réelle de l'occultisme (1).

On doit indiquer ici le premier mariage d'Agrippa, vers la fin de 1514, avec une jeune fille belle, riche, dévouée, dont lui-même dans sa correspondance fait le plus touchant éloge (2). Peu de temps après cette union, il alla rejoindre Maximilien en Italie, où l'on ne peut plus le suivre qu'avec une extrême difficulté. Tantôt il est à Milan, tantôt à Brindes, puis à Cazal, errant de ville en ville, en quête de puissants protecteurs qui l'arrachent une bonne fois à cette misère dont il se plaint avec tant d'amertume. Le Cardinal de Sainte-Croix l'emmène avec lui au concile de Pise. L'occasion si désirée se présentait enfin et plus que nulle autre propice au développement de ses aptitudes. Malheureusement le concile de Pise, après avoir fait beaucoup de bruit et fort peu de besogne, fut obligé, par suite de la guerre d'Italie, de remettre à une époque non déterminée l'examen des propositions soumises à sa sagesse. Agrippa consterné dut redemander au professorat le pain quotidien qu'il n'avait pas toujours. Il avait fait sur *Hermès Trismégiste* (trois fois grand) des études intéressantes qu'il récita publiquement à l'Université de Pavie (3). A Turin il professa la théologie. La fortune commençait donc à sourire à ses efforts et, sans trop de présomption, il pouvait envisager des jours heureux à Pavie lorsque la guerre vint l'en chasser brusquement. Laissant derrière lui sa vaisselle, ses meubles, tout ce qui lui appartient et... des dettes, sa maison fut pillée par l'armée française. Heureusement pour lui, il avait eu la prévoyance de confier à son ami le Lucernois Christophe Schilling, qu'il avait connu en Lombardie, ses livres et ses manuscrits. Avant Ravenne, il avait eu d'ailleurs des relations fréquentes avec les Suisses et peut-être avait-il été chargé de certaines négociations délicates, car le prélat romain Ennius, nonce de Léon X

(1) Commencé vers 1508, cet ouvrage ne fut imprimé qu'en 1531 à Paris et Anvers partiellement, et ce n'est qu'en 1533 que parut la première éd. complète. Jean Soter en fit dans cette année 1533 deux éd. successives à Cologne. Une traduction nouvelle vient de paraître à Paris en 2 volumes in-8° (oct. 1910-avril 1911) à la *Bibliothèque Chacornac* (voir page 127).

(2) *Epist. fam.*, III, 33.

(3) Cette *oratio habita Paviæ in prælectione Hermetis Trismegisti de potestate Dei* fut prononcée en 1515 à l'Université de Pavie en présence de Jean de Gonzague, marquis de Mantoue, à l'ouverture des leçons publiques d'Agrippa sur le *Pimander* d'Hermès (*Opera omnia*, II, p. 1073). Ses *Annotationes super Pimandrum* de 1516 ne nous sont pas parvenues.

et ami, comme Agrippa, du cardinal Schyner et de l'avoyer Falck,
avait informé le pape des services rendus. Par un bref élogieux de
1513, signé du cardinal Bembo, sa sainteté remerciait le philosophe
et lui envoyait sa bénédiction apostolique.

IV

De Cazal, où il s'était réfugié avec sa femme et son enfant, Henri
Cornélis passa à Milan pour peu de temps, puis on le retrouve à
Metz dans une nouvelle destinée. Il ne devait plus, en sa courte car-
rière, revoir l'Italie.

Il n'arrivait plus à Metz en fugitif. En Italie, s'il avait perdu du
temps, comme il dit, et de l'argent, il s'était créé de très nombreuses, très actives et très chaudes amitiés, entr'autres celle du marquis
de Montferrat, Guillaume Paléologue (1), ainsi que d'autres personnages italiens et français tant ecclésiastiques que politiques. Grâce
à leurs recommandations, il fut nommé syndic, avocat et orateur
de cette république (2), fonctions très importantes que son tempérament batailleur lui interdisait de conserver longtemps.

Il nous a conservé dans ses *Opera omnia* (3) le discours prononcé
par lui devant la Seigneurie Messine à son entrée en fonctions : il
explique à sa façon les circonstances qui l'ont décidé à les accepter.
Dissimulant sous de pompeuses apparences la situation précaire à
laquelle il était réduit quand il avait résolu de quitter l'Italie, il
rend un hommage discret aux Laurencin qui, les premiers, avaient su
attirer sur lui l'attention des Messins pour obtenir en sa faveur un emploi lucratif. On voit dans sa correspondance (4) avec les deux frères
Laurencin Jean, commandeur de Saint-Antoine de Riverie en Piémont,
et Ponce, commandeur de Saint-Jean de Metz, que les négociations
étaient commencées dès le mois d'octobre 1517.

(1) Il lui avait dédié en 1516 son *Dialogus de homine Dei imagine*, traité également perdu (*Opera omnia*, II, p. 717; *Epist.*, I, 51). Il en fit de même pour son
Liber de triplici ratione cognoscendi Deum (voir *Op. omnia*, II, p. 480, et *Epist.*,
I, 52).— En 1518, il envoya au Duc de Savoie, mais sans résultat, son *Orationis
tomus in laudem serenissimi Ducis Sabaudiæ*. (*Op. omnia*, II, p. 728.)

(2) Aux appointements de 120 livres, soit 180 florins d'or équivalant à 3600
francs d'aujourd'hui. Il trouva pour collègue, pensionnaire de Metz, Claude Chansonnette.

(3) Tome II, p. 1090 : *Oratio ad Metensium Dominos*. Outre cette pièce, on possède encore 3 autres discours d'Agrippa comme orateur de la ville de Metz.

(4) *Epist.*, II, 4 et 9.

Les déplacements qu'il était souvent obligé de faire pour le service de Metz et le voisinage de Cologne lui permirent d'y faire une excursion où il put revoir sa mère, sa sœur, ses amis (1), et embrasser une dernière fois son vieux père, qui mourait peu de temps après, au début de l'année 1519, aux termes d'une lettre qui mentionne le fait, mais dont la date n'est pas précise (2) par elle-même. Malgré les avantages de sa nouvelle résidence, Agrippa s'y plaisait peu, car il était devenu tout italien de goût, de mœurs et d'éducation (3). A Metz, gouvernée par un patriciat tout puissant, la vie était sévère. D'autre part, Metz était alors une cité où les moines exerçaient une domination d'autant plus tyrannique qu'il s'agissait pour eux de défendre leur ville privilégiée contre l'imminente invasion des doctrines luthériennes. Aussi l'arrivée d'Agrippa, en février 1518, fut-elle accueillie avec d'extrêmes réserves et de sourdes colères. Il était précédé dans cette ville par sa réputation d'écrivain satyrique, de libre-penseur : ses discussions, au sujet du livre de Reuchlin, qui, lui-même, en ce moment, était en but à de graves poursuites en Allemagne, n'avaient pu passer inaperçues parmi les moines du pays messin dont la vigilance et la jalouse ambition étaient surexcitées par les menaces de jour en jour plus vives de la Réforme. Au fond ils devinaient un ennemi redoutable dans cet Agrippa qui allait être chargé de défendre contre eux les intérêts des citoyens de Metz. On ignore les prémisses de la conduite du nouveau syndic ; mais il est à présumer qu'il ne fit pas longtemps attendre les manifestations de son humeur turbulente et batailleuse, d'autant plus que la lice était ouverte, et que deux partis en présence convoitaient d'attirer à eux le nouvel arrivant si connu pour l'énergie et la hardiesse de sa polémique. Les théologiens de l'endroit discutaient le point de savoir si sainte Anne avait eu trois maris et un enfant de chacun d'eux, ou si elle n'avait eu qu'un mari et une fille. Comme l'avait fait un de ses amis, Le Fèvre d'Etaples, qui avait encouru l'indignation des moines, Agrippa soutint la monogamie, et ses adversaires eurent le dessous dans cette querelle (4). Première victoire d'Agrippa dans sa nouvelle patrie. Mais bientôt on allait l'attirer sur un tout autre terrain.

(1) *Id.*, II, 15, 16.
(2) *Id.*, II, 19. Conf. *Prost,* tome II, p. 470.
(3) *Id.*, III, 15.
(4) Voir *Op. omnia,* II, pp. 588-593 et pp. 594-663 deux pièces de polémique sur cette question. Jacques Lefèvre d'Etaples fut professeur de philosophie au collège du Cardinal Lemoine de 1493 à 1507, et devint en 1516 grand-vicaire de Mgr Briçonnet, évêque de Meaux, qui se l'était déjà attaché à Lodève depuis 1507.

Après l'avoir mis aux prises avec l'hérésie, épreuve dont il était
sorti triomphant, il restait à savoir comment il se tirerait d'affaire
dans un procès de magie. Etant donnée l'impétuosité de l'homme,
on avait de bonnes raisons pour penser qu'il donnerait tête baissée
dans quelque piège habilement tendu. Une accusation de magie con-
duisait directement au bûcher. La victime choisie fut en 1519 une
vieille femme du village de Woippy (1), qui était alors comme un
faubourg de Metz, et que le Dominicain Nicolas Savini, grand Inquisiteur, voulait convaincre d'hérésie. Le prétexte en était fort délicat.
La pauvre femme avait eu sa mère brûlée comme sorcière. Pour se
faire une idée de la manière dont Agrippa prenait la défense des
accusés qu'il avait à cœur d'arracher à l'inquisition, il faut lire ses
lettres 38, 39 et 40 du livre II. La haine implacable que notre auteur
a vouée aux moines s'y exhale en épithètes d'une âpreté et d'une
vigueur incroyables. Il y a là des lignes qui, à elles seules et prises
une à une, sont de merveilleux tableaux, et l'on ne contestera pas
qu'il ait fallu à Agrippa un véritable courage pour batailler ainsi, la
plume levée comme une épée, contre des ennemis redoutables. On
retrouve ici le soldat des guerres impériales, et l'on se figure l'effare-
ment des Dominicains devant semblable combattant.

Le premier plaidoyer d'Agrippa auprès du Grand Vicaire de Metz
n'eut pourtant pas le succès désiré. C'est qu'il y agitait une question
de droit qui ajournait l'intérêt dramatique du litige. Mais, par son
habileté, son amour de la liberté de conscience et son énergique défense, il parvint à triompher encore. Dans une admirable page latine,
il épanche dans le cœur de son ami Claude Chansonnette (2) ses rancunes contre l'oppression monacale. Mais il est dit, et ce n'était pas la
première fois qu'Agrippa en faisait l'expérience, que l'on ne déchaîne
pas impunément contre soi les fureurs d'ennemis irréconciliables.

V

Au déclin de l'année 1519, il annonce à un ami, sans lui en exposer
les raisons, sous prétexte qu'il lui en parlera plus tard avec détails,
qu'il va quitter Metz. C'est lui-même qui en a obtenu, dit-il, la per-

---

(1) Village aux portes de Metz, et où les chroniqueurs relèvent au moyen âge
de nombreux faits de sorcellerie. Conf. *René Paquet*, Hist. du village de Woippy,
1878.
(2) Il existe une excellente biographie sur ce personnage par Alphonse Rivier.

mission de ses supérieurs. Il faut croire que le séjour lui en était devenu insupportable. Il en sort avec sa femme et son enfant, et nous trouvons de lui une lettre du 19 février 1520, datée de Cologne, et une autre du 12 mars suivant, adressée à Jean Rogier dit Brennon, curé de la paroisse de Sainte-Croix à Metz, dans laquelle il le prie de lui faire savoir à Cologne, où il est de nouveau revenu, l'attitude de ses ennemis (1) pendant son absence. Il termine cette lettre en saluant plusieurs de ses amis, Thilman, Châtelain, Mérian, Michaud, les médecins Renaud et Frison, le notaire Baccarrat, l'horloger Thirion, le libraire Jacques et autres. Ces détails prouvent à quel point Agrippa savait se concilier les sympathies de ceux qu'il fréquentait, quand il n'avait pas affaire avec des moines. La correspondance échangée entre Roger Brennon et lui se prolonge pendant deux années consécutives avec des lacunes que l'on peut réellement déplorer. On rencontre fréquemment dans ces lettres le nom de Châtelain à propos d'une affaire soigneusement recommandée à Brennon, sans doute quelques découvertes chimiques qu'Agrippa et ses disciples tenaient à conserver secrètes. Quand on examine son œuvre à cet égard, on verra combien il a été mal connu par Paul Jove, Thevet, Delrio et autres biographes de ce genre.

Que fait Agrippa à Cologne ? Il y paraît heureux et ne cesse de proposer à Brennon de le venir voir dans sa petite maison où tout rit, où tout est heureux et où ce bon Brennon trouvera la plus aimable hospitalité. Seulement il y a aussi à Cologne des querelles religieuses. La tentation est trop forte pour notre Agrippa. On attaque Reuchlin, son maître, ce Capnion qui lui a déjà suscité tant de désagréments · il se jette encore dans la mêlée avec violence, si bien qu'il fut obligé d'abandonner Cologne pour Genève.

Ce n'était pas là l'intention qu'il avait tout d'abord, mais il avait espéré, pour aller à Chambéry, que le duc de Savoie lui donnerait une pension (2), et cette pension promise, il l'attendait dans la ville Suisse,

(1) *Nicole Roucel*, un membre des Paraiges ; *Claude Drouin* l'écrivain ; *Nicolas Savini* l'inquisiteur de la foi à Metz ; *Claude Salini* dominicain, prieur du couvent des Frères-Prêcheurs ; le franciscain *Dominique Dauphin; Nicolas Orici*, religieux cordelier ; l'archiprêtre *Regnault* et *Jean Léonard*, official de la cour épiscopale. Mais Agrippa n'était pas mal avec tous les moines ; l'un des nombreux couvents de Metz, celui des Célestins, où les études étaient en honneur, lui avait offert un bienveillant accueil, et il y rencontrait en *Claude Dieudonné*, frère célestin, un véritable ami, un disciple et un admirateur enthousiaste : les lettres échangées entre eux sont au nombre de sept entre 1518 et 1519 à Metz, puis à Annecy, nouveau séjour du célestin en 1521, et au nombre de cinq en Suisse (1521).
(2) Ou bien un emploi de médecin ducal : *Epist.*, III, 24, 29, 30. Quelques

sans ressources à ce point qu'il n'avait pas l'argent nécessaire pour aller de Genève à Chambéry. Il était pauvre et seul alors ; sa femme était morte à Metz, où il passait en voyage de Cologne à Genève, et ce fut peut-être là un des plus puissants motifs qui lui firent abandonner la lutte. Il parle, dans diverses de ses lettres, de la santé de cette première épouse d'une fort touchante façon ; mais on ne trouve aucune lettre relative à la circonstance douloureuse de son deuil. Cela se comprend aisément : n'était-il pas à Metz même entouré de ses amis qu'autrement il n'aurait point manqué de prévenir ?

Le nom de cette femme est ignoré ; on sait seulement qu'elle était de Pavie, qu'Agrippa l'avait épousée vers la fin de l'année 1514. Elle suivit son mari en 1518 à Metz, où elle était remarquée par sa gentillesse et par l'étrangeté de son costume, au dire de Philippe de Vigneulles (1), qui la connaissait. Brennon lui donna la sépulture dans son église de Sainte-Croix de Metz, et le philosophe ne manqua jamais de s'acquitter pieusement du devoir des anniversaires pour le repos de l'âme de la défunte (2). Du 21 mars 1521 à une date quelque peu antérieure au 26 juin, se placent d'après sa correspondance (3) son départ de Cologne, son passage dramatique à Metz, son arrivée en Suisse et son installation à Genève, où il emmena avec lui son fils Théodoric, qui avait dû voir le jour en Italie au commencement de l'année 1515, et dont on perd la trace vers 1522.

VI

Son veuvage n'eut guère que la durée d'une année puisqu'il convola bientôt en secondes noces avec une Genevoise, Jeanne-Loyse Tissie, dont il célèbre sur le même ton lyrique, qu'il avait employé pour sa première femme, la jeunesse, la beauté, la douceur, le dévouement et la noble parenté. Cette jeune fille était née le 9 septembre 1503 et son mariage eut lieu à Genève le 17 septembre 1521. Agrippa fera plus tard aussi un pompeux éloge funèbre de cette nouvelle compagne (4).

mois auparavant, Agrippa écrivait de Cologne à Brennon : « *Je vais passer encore ici l'année présente, mais l'an prochain je compte me transporter en Savoie.* »

(1) Dans *Huguenin*, chroniques de la ville de Metz, p. 756.

(2) Voir l'éloge qu'il en fait dans sa lettre 19 des *Epist.*, liv. II, et les fondations pieuses à son intention, dans *Epist.*, IV, 20, 27.

(3) *Epist.*, III, 6 et 7 ; 1, 47 ; II, 57.

(4) *Epist.*, III, 60 ; V, 81, 82, 83, 84, 85.

De cette union naquirent six enfants, dont l'aîné fut Haymon, né à Genève en 1522, filleul de l'official Eustache Chapuys (1), qui devint bientôt ambassadeur de Charles-Quint auprès d'Henri VIII, et qui ne cessa jamais d'entretenir une active correspondance avec Agrippa (2). Après un séjour à Genève de 18 à 20 mois, celui-ci part pour Fribourg au début de l'année 1523, où il ne fera guère qu'un passage d'une année comme médecin de la ville, aux gages de 127 livres par an, un muid de froment, un char de vin de Lavaux, et la concession gratuite d'une spatieuse habitation (3).

Pourquoi Agrippa avait-il quitté Genève? Il y avait séjourné dans l'espoir que le duc de Savoie exécuterait les promesses de pension qu'il lui avait faites. A cet effet, il avait mis en campagne ses plus puissants amis, entr'autres Eustache Chapuys, official de l'Evêque Jean-Louis II de Savoie, l'abbé de Bonmont, ancien évêque de Genève, et le prince de Lucinge, qui s'employèrent très activement à la réalisation de ses espérances. Mais tous leurs efforts échouèrent contre la froideur systématique du Chancelier ducal qui ne voulait pas entendre parler d'Agrippa, prévenu sans doute qu'il était contre lui par des ennemis dus aux soubresauts de son caractère et à sa plume acerbe. D'ailleurs il est peu facile de démêler les fils de cette intrigue de cour, et l'on est obligé de suivre Agrippa à *Fribourg*, où il arrive brusquement, et il n'indique nulle part comment il a quitté Genève, ni par qui il y a été appelé. A Fribourg, Agrippa, qui a laissé à Genève son fils Haymon aux soins d'Eustache Chapuys, exerce la médecine et vit avec sa femme dans une grande aisance. Il n'est plus question de querelles religieuses et le bonheur dont il jouit semble avoir singulièrement adouci l'humeur querelleuse de l'ancien capitaine de Maximilien et de l'aventurier des Pyrénées. Tout entier à sa femme, à ses amis et à son art, il est dans une ère d'apaisement, sans délaisser pour cela le grand œuvre.

Les adeptes des sciences occultes lui écrivent de toutes parts comme à un maître ou à un génie ayant seul le mot de la chose et le clergé fournit beaucoup de magiciens à l'école d'Agrippa. Ses lettres et les pages de sa *Philosophie occulte*, copiées par les uns et

(1) Official de l'évêché de Genève jusqu'en 1523, puis Conseiller du duc de Savoie, ensuite Maître des requêtes de l'Hostel de l'Empereur en 1527, et enfin son ambassadeur en Angleterre de 1529 à 1546. Il fut parrain du petit Haymon Agrippa. Après Haymon, naquirent Henri en 1524 et Jean en 1525.
(2) La correspondance entre Chapuys et Agrippa comprend 15 lettres publiées dans les *Epist. fam.*, III, 21, 28, 38, 39, 49, 58, 63, 68, 74, 76, 78 ; VI, 19, 20, 29, 33.
(3) Les Archives de Fribourg, années 1523-24, possèdent encore les comptes des trésoriers, où l'on voit figurer Agrippa. Voir aussi *Manual du Conseil*, n° 40.

les autres,sont dévorées dans le silence des cloîtres. Seul impassible,
majestueux, discret, il garde la clef de l'édifice, et ne la livre
qu'aux initiés qu'il a jugés dignes d'une si solennelle révélation (1).

Malgré le bien-être et le bonheur tranquille dont il jouit à Fribourg,
son besoin de mobilité et son ambition de paraître sur une scène
plus digne de son talent l'entraînent à d'autres aventures (2) : son
séjour dans cette ville fut encore plus court que celui de Genève, car le
9 juillet 1523 le nomade docteur de Cologne voit sa démission accep-
tée par le Petit-Conseil. Mais il est resté dans les meilleurs termes avec
Messeigneurs Fribourgeois puisqu'une décision du 8 février 1524 (3),
rendue en sa faveur peu de jours avant son départ, lui accorda six
florins à titre d'argent de voyage ; il prolongea donc ce séjour six
mois après la résignation de ses fonctions de médecin des pauvres
de la ville, pendant lesquels il y résida comme médecin libre. Peu
d'années après, dans de semblables circonstances, Rabelais faisait
preuve à Lyon du même sans-gêne ; seulement, s'étant absenté sans
congé, il reçut sa révocation des administrateurs de l'Hôtel-Dieu le
5 mars 1534.

En partant de Fribourg, Agrippa y laissait des amis dignes de ses
regrets. Dans la première lettre qu'il a écrite de Lyon le 3 mai 1524
après les avoir quittés, on lit ces mots : « *apud Friburgum insuper
perpetuos reliqui mihi amicos.* »

Il conserva leur souvenir.

VII

Depuis longtemps, Agrippa se sentait attiré vers la France : il y
avait passé quelque temps dans sa jeunesse, il avait étudié à l'Université de Paris, qu'il n'avait quittée qu'à regret au milieu de nombreux amis. A Lyon également, il avait des amis professant pour lui

(1) Selon les termes d'une lettre d'Agrippa à Chapuys (*Epist.*, III, 38), il paraî-
trait que c'est celui-ci qui le fit nommer à Fribourg médecin de la ville. La lettre
est du 20 mars 1523. (Voir page 127.)

(2) *Epist.*, III, 55, 56 et 57. Ses amis à Fribourg étaient le notaire Pallanche,
« *arcanarum rerum magnus indagator* » (*Epist.*, III, 42); le grand chantre de
Saint-Nicolas, Jean Wannemacher, compositeur de musique ; Jean Reiff, bailli de
Granson et trésorier de la république; Thomas de Ghyrfack, etc. De Fribourg,
Agrippa échange des lettres avec Claude Chansonnette à Bâle, avec Chapuys à
Genève, avec Christophe Schilling à Lucerne et Claude Blancherose à Annecy,
médecin aux gages de cette ville, qui publia une *Thérapeuthique* à Lyon en 1531.

(3) *Epist.*, III, 41.

une admiration sans borne qui avaient pris un soin tout particulier
de sa renommée de médecin, si bien qu'au moment de son arrivée
à *Lyon* il y reçut un accueil des plus bienveillants. Si la cour avait
été à Paris, Agrippa y serait sans doute accouru, si désireux qu'il était
de se pousser et de faire étalage de ses connaissances ; la cour étant
alors à Lyon, c'est là qu'il vint directement. Il y arriva dans les deux
ou trois premiers jours de mai 1524, au moment où François Ier portait le deuil du Chevalier Bayard que les Impériaux venaient d'arque-
buser à Romagnano (1). Les affaires du roi ne prospéraient pas à
cette époque et le sublime vagabond de Cologne eut à subir le contre-
coup de ces royales vicissitudes. D'une lettre de lui à Chapuys, datée
de Lyon du 3 mai 1524, je traduis ces passages caractéristiques :
« *Au milieu des hasards les plus divers, au milieu de tous les risques
du sort, nous sommes enfin arrivés à Lyon. Dans cette ville où je puis
jouir auprès d'anciens amis des plaisirs de l'intimité, dans cette ville
où je vais trouver largement appuis, occasions et moyens de réussir,
je commence enfin à trouver l'honneur, la gloire et la fortune. J'ai laissé
aussi à Fribourg des amis que je n'oublierai jamais. Au reste j'attends
du roi un envoyé qui doit me remettre en or le prix de ma pension ;
même j'ai déjà reçu de son trésorier quelques pièces d'or à couronne
pour m'installer chez moi... Notre fils Haymon vous reste, nous vous le
recommandons... Je vous prie de ne pas négliger mes tableaux, car dans
peu de temps je vous enverrai de l'argent pour les racheter et pour
qu'ils me soient restitués (2)... »*

Agrippa semblait, en effet, être parvenu à une situation meilleure.
Présenté à la cour de France par Symphorien Bullioud, lyonnais,
alors évêque de Bazas (3), il fut nommé médecin de la reine-mère,
et il entra en relations avec Jehan Perréal, peintre du roi, avec Denis
Turin, Guillaume Cop et André Briau, médecins du roi, avec le père
Jehan de la Grève, cordelier de Saint-Bonaventure de Lyon, et enfin
avec Jehan Chapelain, médecin comme lui de Louise de Savoie, pour
lequel il ne cessa de conserver la plus vive amitié.

(1) Le 30 avril 1524.
(2) *Epist.*, III, 58. Voir plus loin, p. 71.
(3) 1480-1533. Il fut évêque de Glandève (1509), de Bazas (1515), de Soissons
en 1528, mais il fut chargé surtout de missions diplomatiques. Nommé gouverneur du Milanais par Louis XII, il fut ensuite envoyé à Jules II pour terminer
quelques différends ; il assista aux conciles de Pise et de Latran et fut chargé par
François Ier de diriger les deux assemblées relatives, d'une part, au connétable
et, d'autre part, aux conditions de la paix de Madrid. Agrippa eut de fréquentes
correspondances avec ce prélat (*Epist.*, IV, 9, 14, 15, 22, 24, 31, 39, 47, 49, 53, 66,
69, 74, toutes lettres de 1526), et il lui dédia sa *Dehortatio gentilis theologiæ*
en 1526.

Pour Agrippa ce titre de médecin de la reine-mère n'était qu'un
titre qui en cachait un autre. La mère de François Iᵉʳ était, comme
toutes les femmes de luxe et de passion, crédule et superstitieuse : il
est certain qu'elle n'avait pas été sans avoir entendu parler de l'aptitude de son nouveau médecin à la divination, et le champ était
fertile pour les devins. On sait combien la reine-mère était mêlée à
la politique ; on sait aussi pourquoi fut pendu *Semblançay*. Agrippa
eut donc fort peu à s'occuper de la santé de Louise de Savoie, qui se
portait à merveille. Ce qu'elle voulait de lui c'était une continuelle
pronostication du succès de son fils qui guerroyait autour de Pavie
contre Bourbon. Au cours d'une lettre à Chapuys, du 21 mai 1525,
Agrippa avoue « *qu'il a beaucoup à dire sur les événements courants,
mais que cela ne lui est point permis depuis qu'il a été admis aux
secrets conseils de la Princesse...* » c'est avec une véritable répugnance
qu'il se prête au rôle de devin qu'elle veut lui faire jouer. Il réclame
un meilleur usage des facultés que la nature lui a départies et repousse (si l'on en croit sa correspondance) les propositions qu'on lui
fait, de lire dans les astres ou dans les cornues la destinée de tel ou
tel personnage de la cour, fût-il roi, duc ou prince (1). Cette indépendance de caractère ne plut que médiocrement à la reine-mère
qui avait d'autant plus sujet de s'en étonner qu'Agrippa ne s'était
pas montré si récalcitrant (et elle le savait) envers le Connétable. Il
faut dire ici, pour que l'on saisisse bien le caractère du savant bohême, qu'il n'y a chez lui ni enthousiasme politique, ni patriotisme, ni
délicatesse. Pour peu qu'on lui offrît des honneurs dont il était avide
et de l'argent dont il manquait toujours, il était prêt à toutes les besognes, à servir n'importe quel parti, mais il n'aimait pas qu'on le prît
pour un nécromancien. Il n'était ni Allemand, ni Suisse, ni Flamand,
ni Français, ni Espagnol ; il était tout cela à la fois selon que le vent
de la fortune soufflait de l'un ou de l'autre côté. Le xviᵉ siècle n'é-
tait-il pas plein de ces aventuriers pour qui le mot patrie était absolument inconnu ? On vendait ses services, ses capacités, son courage, son intelligence et même ses vertus à tel ou tel prince, suivant
qu'on enchérissait. Celui qui payait le mieux était le mieux servi.
Louise de Savoie ne payait pas ; quant à François Iᵉʳ, il avait d'autres soucis en face du plus redoutable et du plus tenace adversaire
qu'ait jamais eu roi de France.

(1) *Epist.*, III, 68.

VIII

Quant au Connétable de Bourbon, Agrippa, pendant son séjour à Fribourg, avait été déjà sollicité d'entrer à son service par la plupart de ses intimes, qui tenaient le parti de l'empereur. Lui-même inclinait plutôt à être l'allié de Charles-Quint que de François Ier; mais il refusa les propositions qui lui furent faites à ce moment. Peut-être les trouvait-il trop modestes; peut-être attendait-il mieux de la cour de France. Les déceptions qu'il éprouva auprès de Louise de Savoie et du roi son fils lui firent prêter l'oreille à d'autres ouvertures.

Dans ses correspondances avec ses amis, il trouva moyen de prophétiser au Connétable (1) quelques succès que celui-ci réalisa sans peine. Il avait donc ainsi un pied dans les deux camps. De quelque manière qu'on envisage la conduite d'Agrippa, l'impartialité exige que l'on condamne sa conduite politique. On peut cependant invoquer pour lui des excuses : vaniteux, irritable à l'excès, ayant toujours vécu en nomade, sans racines profondes en aucun pays, étant dans un milieu où les plus honteuses défections passaient pour des mécomptes selon les ambitions déçues, ou pour des vengeances quand les services rendus avaient été payés d'ingratitude ou de dédain, Agrippa devait ressentir plus vivaces les injustices dont on l'abreuvait et l'indifférence avec laquelle on accueillait ses plaintes, ses menaces et jusqu'à ses soumissions. Enfin n'était-il pas Allemand; il ne trahissait pas son pays. Pour bien juger les hommes, il ne faut pas les sortir de leur époque. Le temps où ils vivent forme autour d'eux comme un cadre indispensable. Une preuve que l'auteur de la *Philosophie occulte* ne fut pas si mal apprécié par la reine-mère devenue bientôt Régente, c'est qu'elle se contenta de n'avoir pour le nécromancien indocile qu'une rancune féminine. On ne récriminait pas qu'il donnât des consultations divinatoires au Connétable (2); on constatait simplement qu'il les refusait à Louise de Savoie.

Mais ce n'est pas peu de chose qu'une rancune de femme; le doc-

---

(1) On a prétendu que les relations d'Agrippa avec le connétable remontaient à 1523 ; il faut fixer la date de 1524, époque à laquelle Bourbon lui fit faire des propositions. (Voir *Epist.*, IV, 53, 62, 65; VII, 21.) La lettre d'Agrippa à Christophe Schilling, en 1523, ne prouve rien. (*Epist.*, III, 40.)

(2) *Epist.*, V, 4 et 6. Voir plus loin, pp. 95 et 96.

teur de Cologne,qui ne voulait pas être un devin et qui aurait donné
beaucoup pour pénétrer plus avant dans la politique royale, devait
en faire la cruelle expérience. Ses cornues lui restaient comme consolation à ses déboires, mais la reine Louise poussait l'oubli jusqu'à
ne plus alimenter les fourneaux. En vain, pour la fléchir, consacra-
t-il à la princesse Marguerite son opuscule sur *le Sacrement de
mariage* (1). Ce développement de rhétoricien fut loin de plaire à
son entourage ; cela résulte des lettres écrites à ce sujet par Chapelain (2) à Agrippa. Ses ennemis ne manquèrent pas d'en profiter pour
le calomnier auprès d'elle comme bourboniste, à tel point qu'il vit
lui échapper ce puissant appui et que, faute de secours, il tomba
dans la plus extrême misère. Aussi sa correspondance prend-elle tour
à tour une tournure pleine d'orgueil ou d'humilité, au gré de ses
espoirs ou de l'amertume de son découragement.

Pour comble d'infortune la reine-mère quitte Lyon avec sa fille et
une grande partie de la cour pour se rendre à la frontière d'Espagne
au-devant de son fils.Le pauvre Agrippa reçoit alors l'ordre de ne pas
bouger de place (3) ; mais, pour ne pas donner à cette disgrâce un
éclat trop désastreux, on lui laissa entendre qu'on l'appellera sous
peu dans une ville de France où ses talents seront mis à l'épreuve.
Quant aux appointements de sa charge de médecin de la reine-mère
et à la pension qui lui avait été promise par François Ier, silence
absolu. Il faut pourtant vivre. Ses meilleurs amis, n'étant pas fortu-
nés, ne peuvent lui être utiles que dans une modeste mesure. Le
médecin doit néanmoins mener un certain train de vie, il a femme,
enfants et un domestique assez nombreux. Que faire pour subvenir
à ces charges?

Le parti bourbonien lui avait fait des offres; mais, se refusant à
croire que tout fût fini à la cour de France, il n'osait pas encore faire
ouvertement défection. Se contentant d'adresser à Bourbon des pronostics, il le fit avec tant d'imprudence que ces relations n'étaient un
secret pour personne. Il s'en défendait avec plus d'énergie que de
franchise, et, pour prouver l'invraisemblance de cette félonie, il
excipa d'un certain service qu'il aurait rendu au roi en empêchant

---

(1) Imprimé dans les *Opera omnia*, éd. à Lyon en 1600, chez les Béring, pp. 543
et suiv., tome I.

(2) *Epist.*, III, 2. Conf. *Herminjard*, tome I, p. 427. La corresp. entre Agrippa et
Jehan Chapelain se compose de 54 lettres, dont 12 sont de Chapelain.

(3) Aussi Agrippa n'accompagna point la Régente dans le voyage de Bayonne
entrepris pour aller au devant de François Ier sorti de captivité le 18 mars 1526.
Mais Chapelain fit partie de l'escorte royale.

4.000 fantassins que commandaient des capitaines de sa famille, les d'Yllens de Grolée (1), de passer à l'ennemi. Dans plusieurs de ses lettres, il fait allusion aux offres bourboniennes, et il les « *acceptera si on l'y force* ». Le connétable poursuivait le cours de ses succès et s'apprêtait à mettre le siège devant Rome. Comme c'était là un événement décisif, ce prince rebelle crut devoir consulter les devins. C'est à notre philosophe qu'il s'adresse. Agrippa lui répond avec une solennelle assurance que le hardi assiégeant n'aurait qu'à sonner de la trompette pour faire tomber les murailles de la Ville Eternelle (2). Mais le prophète omit un trait qui avait son importance, c'est de prédire que le Connétable y serait tué. Il est vrai que cette prédiction avait son côté délicat qui ne dut pas échapper à sa sagacité. Nul doute que ses bons offices envers Bourbon ne fussent à ce point désintéressés qu'il n'en reçut quelques munificences ; mais il n'en parle jamais dans ses lettres, et, s'il est vrai qu'il tira des ressources de ce côté, il n'en obtint pas assez pour mettre ordre à ses affaires.

C'était le cas ou jamais d'appliquer ses connaissances alchimiques à la transmutation en or des plus vils métaux et de découvrir cette pierre philosophale qu'il cherche et fait chercher par ses adeptes dans toute l'Europe. Mais sa science occulte est elle-même insuffisante à conjurer la détresse. Délaissant cornues et alambics, qui ne répondent pas à son attente, il a recours aux supplications afin d'obtenir ce pain quotidien « *qu'il n'aura un jour plus qu'à toucher pour le convertir en le plus précieux des métaux* (3) ». Cette lutte d'Agrippa avec les trésoriers et les payeurs royaux ne laisse pas que d'avoir son côté pittoresquement historique. Elle édifie sur le singulier état où étaient à cette époque les finances, sur leur gestion, et en même temps sur les procédés dont usaient les banquiers de la cour vis-à-vis de leurs créanciers.

IX

Lorsque la reine-mère vint à s'éloigner de Lyon, on a vu qu'elle emmenait à sa suite une majeure partie des personnages de sa maison et, parmi eux, son médecin Chapelain, qui était intimement lié à

(1) *Charvet*, notes sur cette famille dans la *Revue Savoisienne*, 1874, pp. 85-88.
(2) *Epist.*, V, 4 et 6. C'est le 30 mars 1527 qu'Agrippa prédit au connétable ses triomphes, et c'est le 6 mai suivant que ce prince périt au siège de Rome.
(3) *Epist.*, IV, 56. Conf. id., V. 3.

Agrippa. C'est lui qui rappelle à la cour, quand l'occasion semble propice, le nom de son confrère délaissé. Infatigable à exalter les mérites de l'homme, les services rendus, les talents de l'écrivain, son dévouement soit à la reine-mère, soit à la princesse Marguerite, il a parfois le bonheur d'être écouté, mais les promesses qui lui sont faites ne sont en réalité que de vaines paroles. On a l'air de se débarasser du louangeur dévoué en lui accordant verbalement ce qu'il demande, et lui-même, quand il rend compte à Agrippa de ses démarches, de ses constants efforts, ne lui cache pas que la négociation traînera en longueur à cause de l'esprit indécis de Louise de Savoie (1). Le roi lui-même, auquel on a soumis le cas, a décidé qu'Agrippa serait payé. On informe les trésoriers qu'ils en recevront incessamment l'ordre ; mais l'ordre n'est jamais donné et le philosophe, leurré dans ses espérances, se voit réduit aux plus pénibles extrémités. S'il est probable qu'il ait reçu quelques dons du Connétable, il est certain qu'il reçut beaucoup et souvent d'Eustache Chapuys, son illustre ami, qui, en sa qualité d'agent politique de Charles-Quint, l'utilisait à certains renseignements diplomatiques. Mais l'argent fondait aux mains d'Agrippa ; afin de subvenir à ses dépenses, il dut aussi faire de la pratique médicale, car, au dire de son familier, le docteur Jean Wier, « *il ne cessait de mener partout un train dispendieux* ». En outre, son parent Guillaume Furbity, le Sénéchal de Lyon Henri Sohier, son confrère Chapelain, sans compter d'autres personnages influents, ne l'abandonnèrent point dans la peine et le danger.

Agrippa continuait avec Chapelain sa campagne et sa correspondance pour obtenir ses appointements. On ne cessait de promettre comme on ne cessait d'éluder la question. Un moment il croit toucher au but : l'intendant Barguin, professant pour Henri Cornélis une grande estime et pour les gens de lettres une sincère amitié, écrit à Lyon au trésorier Martin de Troyes d'avoir à liquider ce paiement. Bien mieux, c'est en vertu d'un ordre formel de la reine-mère qu'il faut presser cette solution. Averti par Chapelain, Agrippa se rend chez Martin de Troyes, qui prétend n'être pas averti. Quelques jours après, Pierre Sala, lieutenant royal et parent de l'évêque de Bazas, exhibe à Agrippa une lettre où ce prélat affirme qu'ordre de paiement avait été donné par la reine-mère à Martin de Troyes. Celui-ci, sur nouvelle insistance du philosophe, avoue qu'en effet il a des

(1) Comp. *Epist.*, IV, 54, 75 ; V, 3, 7.

ordres pour compter des écus à quelques personnes, mais que le nom d'Agrippa ne se trouve nullement sur la liste. Bientôt on écrit d'Angoulême à Agrippa qu'un autre trésorier royal, Antoine Bullioud, fera le paiement. Ce fonctionnaire est absent, mais le pensionnaire trouve à sa place son frère Thomas, qui a bien quelques lettres où il pourrait être question de lui, mais il doit les revoir. Le lendemain, accompagné de son ami Adhémar de Beaujeu, Agrippa revient ; Thomas Bullioud sort par une autre porte et se donne du champ, laissant là se morfondre, pendant de longues heures, les deux visiteurs. La lettre écrite à Chapelain sur ce sujet par Agrippa est empreinte d'une douloureuse résignation, mais il n'ose encore donner libre cours à sa rancune.

Au milieu de ces préoccupations d'argent, la science pour lui ne saurait perdre ses droits : il ne surseoit pas un instant à sa correspondance et il ne quitte Chapelain et l'évêque de Bazas, ses dévoués protecteurs, que pour s'entretenir avec Roger Brennon, Claude Chansonnette, Le Fèvre d'Etaples et autres amis aussi anciens que fidèles. Avec eux il n'est pas question de ces banales angoisses de la vie ; on ne parle que des chères études et des espérances fondées sur les merveilleuses découvertes de l'alchimie (1). Trois semaines se sont écoulées sans aucun règlement de sa pension. Nouvelle lettre à Chapelain : il en est réduit à ce point que, « *s'il le faut* », il se fera l'astrologue, le devin et le charlatan de la princesse Marguerite ; il a maintenant tout ce qu'il faut pour faire un excellent devin. La colère l'inspire ; il semble être sur un trépied, en proie à la furie divinatoire, tellement son cœur est ulcéré, tant il est surexcité par les malheurs qui l'accablent. Et il prophétise comme il le dit : il fait parvenir à la princesse des pronostics dont il vante l'infaillibilité, tout en priant Chapelain d'intercéder « *afin de lui épargner la honte de ces bagatelles, de ces futilités, de ces plaisanteries* ». Cette lettre tombe entre les mains de la princesse qui ne s'en montre que médiocrement satisfaite, et Chapelain l'en informe en l'engageant à écrire pour le Roi Très-Chrétien un ouvrage sur quelques questions de Christianisme que l'on ferait présenter par l'évêque de Bazas. Agrippa ne

---

(1) Après sa disgrâce Agrippa s'était peu à peu ressaisi et son esprit s'était graduellement raffermi : en 1527, on le voit traiter avec aisance des questions ardues de science (*Epist.*, IV, 55, 60, 61, 70, 71 ; V, 2), surtout de physique et de physiologie. Il éclaircit également, d'une manière intéressante, certains points d'histoire sur l'origine des peuples, notamment de France et d'Allemagne, et sur les anciens documents qui s'y rapportent. Comme toujours il fait ici preuve d'un incomparable fonds d'érudition (*Epist.*, IV, 55, 72 ; V, 1 11).

répond rien à ces avances. Il a bien d'autres soucis. Sa femme vient
de tomber malade ; il craint que cette maladie ne dégénère en fièvre
quarte. Cependant il récrit à Chapelain, entrevoyant encore quelques
dernières lueurs d'espoir (1) dans les bonnes dispositions du trésorier
Barguin dont l'avait entretenu son ami. Un fait trop évident, c'est
que la Princesse ne veut plus rien savoir de lui, ce qu'il ne déplore
pas trop, heureux qu'il est d'être débarrassé des opérations astrolo-
giques qui lui pesaient sur la conscience.

Au sein de ses traverses, en plus des travaux précédemment indi-
qués, il a su produire encore de belles pages sur *l'Incertitude et la
Vanité des sciences et des arts* (2) ; mais il ne va pas dédier au roi cet
ouvrage, ayant rencontré, dit-il à Chapelain, un patron plus digne
de l'écrivain et meilleur appréciateur de son talent. Dans cette lettre
du 5 février 1527, en cette année-là qu'il passe encore tout entière à
Lyon, on lit ces mots : « *abandonné des hommes j'ai vu venir à moi un
ange de Dieu qui m'a tiré des bouches de l'enfer et m'a fait revoir la
lumière du ciel. C'est cet homme si bon dont je t'ai déjà parlé. Grâce
à lui rien ne manque en ce moment...* (3). » Quel est donc cet ange?
Quel est ce secours inespéré? On peut conjecturer qu'il fait ici allusion à ce richissime Génois, *Augustino Fornari*, dont il parle dès le
mois de septembre 1526 comme ayant mérité sa gratitude (4) : c'était
un grand marchand de Gênes ayant des comptoirs à Lyon et à
Anvers, protecteur des hommes de lettres ; il avait un frère nommé
Thomas (5), voyageant avec lui, un cousin nommé Nicolas fixé à
Anvers (6), et des amis tels qu'Aurelio d'Aquapendente, du couvent
des Augustins d'Anvers, Dom Luca, secrétaire, et Dom Bernard de
Paltrineriis, majordome du Cardinal-légat Laurent Campegi, tous
aussi amis d'Agrippa qui probablement devait à celui-ci ses relations

(1) *Epist.*, V, 22, lettre de Chapelain à Agrippa et réponse de celui-ci à celui-là
(*Epist.*, V, 23). Voir plus loin, pp. 87 et suiv., cette correspondance.
(2) C'est à Lyon en 1526 qu'il composa sa *De incertitudine et vanitate scientiarum atque artium declamatio* imprimée à Anvers en 1530 (le privilège de Charles-
Quint est daté de Malines du 12 janvier 1529 vieux style (1530), en format petit
in-4° éditée par Joan. Grapheus ; cette première édition, *non châtrée*, est inconnue de nombre de bibliographes et elle est en 170 feuillets non chiffrés, sign. A.-
T. Au verso du dernier feuillet, on voit une gravure sur bois représentant la cha-
rité. Cet ouvrage est dédié à Augustin Fornari.
(3) *Epist.*, IV, 44. — Pour échapper à la coûteuse installation d'auberge,
Agrippa, en cette année-là, reçut l'hospitalité dans une maison épiscopale près
du couvent des Augustins, où il demande qu'on lui adresse certains messages
secrets (*Epist.*, V, 12).
(4) *Idem*, V, 3. Comp. *id.*, VII, 22.
(5) *Idem*, VII, 10, 23.
(6) *Idem*, V, 63. Conf. *id.*, VII, 2, 7, 21. Ce Nicolas, par une lettre du 17 oct.
1527, presse Agrippa, encore en France, de venir à Anvers.

avec eux. Ce Fornari n'était pas étranger à la culture des sciences
occultes dont il espérait tirer parti, et il empruntait des livres au
philosophe. Plus tard, étant à Ratisbonne, il le priait de lui réserver
deux exemplaires de sa *Philosophie occulte* quand elle aura paru (1).
Ce qu'il y a de certain c'est que ce Mécène gênois a été pour beaucoup dans la détermination prise par notre aventurier, en 1527, de
quitter la France pour s'établir à Anvers.

X

Pendant qu'il était à Lyon, on le voit s'occuper soit de *Pyromachie*,
soit d'importantes découvertes de machines de guerre *telles qu'on
n'en a encore jamais vues*, soit de constructions architecturales. Il
est évident que la lettre à Chapelain du 5 février n'a pas été écrite en
vue de celui-ci seulement, mais en espérant pour elle le sort qu'ont
partagé deux ou trois de ses précédentes missives, c'est-à-dire qu'elle
tombe entre les mains royales.

Il ne discontinue pas ses visites au trésorier Bullioud pour cela,
mais il en rapporte toujours les mêmes déceptions. Son jeu de mots
familier qu'on peut traduire ainsi : *Bullioud me paie en bulles*, revient
comme un refrain demi-désespéré dans chacune de ses lettres. Chapelain a fini par voir la Reine, mais il est désolé de n'avoir que de
mauvaises nouvelles à annoncer à son ami. Louise de Savoie est
d'ailleurs malade d'un rhumatisme qui l'empêche de dormir, *elle passe
des nuits à crier ;* bref, elle a ses nerfs et le moment est des plus mal
choisis pour lui rappeler le souvenir de quelqu'un qu'elle ne peut
souffrir. Non seulement il ne s'agit plus maintenant de lui payer sa
pension arriérée, mais le moment n'est pas éloigné où elle lui sera
retirée officiellement. Quant à pénétrer les causes de cette antipathie,
Chapelain s'en déclare incompétent. Alors Agrippa entre dans une
violente colère et écrit de nouveau. Il veut être jugé ; qu'on le condamne
s'il est coupable, mais qu'on l'absolve s'il n'a pas fait de mal ; cette
incertitude lui est trop cruelle pour qu'il puisse la supporter davantage. Il n'est pas sans savoir qu'il s'est fait des ennemis parmi les
courtisans, mais il est plus fier de l'hostilité de pareilles gens que de
leur amitié qu'il n'a jamais recherchée. « *Moi*, dit-il fièrement, *je*

(1) *Idem*, VII, 10. Conf. *id.*, VII, 2, 7 15, 22. Leur correspondance dure plusieurs années. (Voir p. 414 et suiv., II, *op. omnia.*)

ne sais pas flatter. » La réponse à cette lettre ne se fait pas attendre.

Au cours du mois suivant, en octobre, Agrippa était à l'Eglise de Saint-Jean, lorsqu'un homme, paraissant animé de bonnes intentions, vint lui dire mystérieusement qu'il avait vu son nom rayé, sur les registres de la Chancellerie, de la liste des pensionnaires royaux. « *Je reconnais bien là*, écrit douloureusement notre philosophe, *les procédés habituels aux Rois et aux Reines de ce monde!* » Puis il s'étend avec une âpre complaisance sur ses qualités méconnues, sur la servilité et la duplicité des courtisans. Enfin, prenant son parti en brave : « *Eh bien! soit, je ferai comme le voyageur qui a été dépouillé par les voleurs, je chanterai, et à présent que j'ai tout perdu, je serai libre au moins de parler et d'écrire à mon gré.* » Ce qui ne l'empêche pas, sur les conseils de l'évêque de Bazas, de tenter un dernier effort auprès de la reine-mère; mais il ne croit plus au succès, car il dit avec résignation à ses amis : « *Puisque vous le désirez, je le veux bien; mais, si cette pétition réussit, j'en serai le premier étonné.* » La pétition resta longtemps sans effet; puis tout à coup Chapelain reçoit ce triomphant billet : « *Salut, mon bien cher ami, trois et quatre fois salut. Nous voilà enfin débarrassés des princes, des rois, des Ninus, des Sémiramis, de toute cette méchante engeance. Dieu soit loué! Nous voici donc riches, pourvu toutefois que ce ne soit pas une fable.* » Il s'agit d'une parcelle d'or que lui a apportée *un païen* de ses amis. C'est de l'or femelle qu'ils ont placé dans une cornue à long col, qu'ils font chauffer avec sollicitude. Les résultats de cette expérience doivent produire des monceaux d'or qui les rendront plus riches que Midas lui-même et il va sans dire que Chapelain aura sa part (1). Mais ce ne fut là qu'une fausse alerte. Agrippa n'en retomba que plus meurtri dans l'humble réalité.

Faut-il diagnostiquer en lui une faiblesse d'esprit, ou plutôt cette croyance qui remonte aux sources égyptiennes, babyloniennes et gnostiques, reproduite dans les alchimistes œcuméniques (2), passée dans les écrits et les expériences du moyen âge (3), et qui admettait avec obstination la possibilité de la transformation des métaux? Cet espoir décevant de la transmutation était entretenu par le vague des

(1) *Epist.*, IV, 56 : « *Midam ipsum vel auro superabimus vel saltem auriculis... Ex Lugduno, abs tuo auratissimo vel auriculatissimo futuro Agrippa.* »
(2) Le manuscrit 2327 de la *Bibl. Nat. de Paris* renferme une curieuse collection de traités de 27 maîtres œcuméniques de l'œuvre alchimique, qui se partagent en 3 groupes : *mythiques, apocryphes, historiques.* Du second, Ostanès le Mage a émis des axiomes comme ceux-ci : « La nature se plaît dans la nature, — La nature domine la nature, — La nature triomphe de la nature. »
(3) *Basile Valentin* au xvᵉ siècle.

anciennes connaissances et reposait sur l'apparence incontestable d'un cycle indéfini de transformations, se reproduisant sans commencement ni terme dans les opérations chimiques. Le rêve des alchimistes a presque duré jusqu'à la fin du xviiie siècle : il ne faudrait donc pas s'étonner de la tendance d'Agrippa, imbu des doctrines médiévales, sur la puissance de la chimie.

Dans une autre hypothèse, faut-il admettre, ce qui s'accorderait bien avec d'antécédentes constatations de son génie imaginatif, qu'une nouvelle à sensation lancée adroitement par lui aurait le pouvoir, dans sa pensée intime, de secouer l'apathie du roi, d'exciter les convoitises de sa mère? En somme, son fol espoir de fortune basé sur la pierre philosophale (ou poudre de projection) fut complètement déçu : le récipient surchauffé garda son impénétrable mystère et il dut revenir encore aux frères Bullioud, qui ne lui gardaient pas rancune de ses aigreurs à leur égard.

Thomas lui-même, qui avait joué un vilain tour à Agrippa, n'en voulait pas personnellement au malheureux philosophe, puisqu'il le recommande chaleureusement à Véran Chalendat, qui exerçait alors à Lyon les fonctions de receveur des deniers municipaux. En attendant les effets de cette recommandation, Agrippa se croit obligé d'envoyer à son ami Chapelain sa justification. Ce long factum n'apprend rien de nouveau : il prétend n'avoir point servi le Connétable (1), il rappelle avec emphase les anciens services rendus soit par lui-même, soit par ses parents, les d'Yllens, dont l'un fut tué et l'autre grièvement blessé à la bataille de Pavie. Quant à la reine-mère, elle lui suggère les souvenirs impies de Jézabel, d'Athalie et de Sémiramis. Que serait-il advenu si cette lettre était tombée aux mains de Louise de Savoie?

XI

Enfin la fortune arrive à lui sourire, mais encore faut-il l'acheter, ce sourire, et notre Agrippa l'achète par une comédie peu délicate. La femme de Pierre Sala, le lieutenant royal, se trouvant un jour chez les Bullioud, dont elle était cousine, le trésorier lui montra quelques lettres concernant l'affaire d'Agrippa, qui lui était fort sympathique : elle s'en empara et les porta à son protégé. Dans ces

(1) *Epist.*, IV, 62. Voir ce long document, pp. 89 et suiv. de ce volume.

papiers se trouvait une lettre de gratifications faites à certains courtisans, au nombre desquels Robert de Caulx et Louis Faron. Au
comble de la colère, Thomas Bullioud va menacer Agrippa, s'il ne
lui rend les documents détournés, de l'empêcher de toucher une
obole de ce qui lui revient. Agrippa tient bon, et prétend que si on
n'exécute pas les instructions renfermées dans ces lettres en ce qui
le concerne, il les fera parvenir à la reine qui saura alors à quels
honnêtes trésoriers elle a confié ces hautes fonctions. Après avoir
réfléchi quatre jours, Bullioud se décide enfin, mais il prépare une
sorte de quittance qu'il veut faire signer au docteur devant deux
notaires ; de là, grosse discussion entre le trésorier et le pensionnaire
pour aboutir au versement final. Chacun regagne fort tard son domi-
cile, Bullioud, *avec ses bulles et ses ampoules*, Agrippa avec ses
écus qu'il appelle facétieusement *posthumes*.

Tout va donc au gré du philosophe et, Chapelain lui ayant annoncé
le retour de la cour à Lyon, il sent redoubler ses espérances d'avenir. François Ier devait venir accomplir un vœu fait pendant sa captivité de baiser, dans un pèlerinage solennel, le St-Suaire de Chambéry. Malheureusement, l'argent qu'Agrippa venait de recevoir ne
dura que fort peu : il dut payer des dettes et faire de coûteuses acqui-
sitions de ménage ; les temps de pénurie reviennent. A ce moment
de nouvelle gêne, lui arrive encore une proposition de Bourbon qui
lui offre un commandement dans ses troupes. Agrippa refuse, disant
« *qu'il veut maintenant vivre en paix au milieu de ses livres et de sa
famille* ». Le Connétable insiste ; le docteur réitère son refus, mais il
est de cœur avec le prince auquel il prédit ses triomphes. On sait
quels ils furent sous les murs de Rome le 6 mai 1527.

Agrippa prie alors Chapelain de voir la reine afin de se faire délier
de son serment de fidélité : c'est la seule chose qui le retienne à
Lyon (1). En outre il lui fallait un sauf-conduit. C'est à Paris qu'il
ira le chercher et déjà il se prépare à partir. Il écrit à un bénédictin
de ses amis que, sous peu de jours, il se mettra en route, avec sa
famille et ses bagages pour se rendre à Paris et de là à Anvers, où
l'appellent des amitiés fidèles. Il a reçu d'aimables lettres d'Aurélien
d'Aquapendente et d'Augustino Fornari ; des notabilités Anversoises
lui promettent une large hospitalité et un poste bien rétribué. Grâce
probablement à l'appui de grands personnages qui ne connaissaient
point sa duplicité, il quitte Lyon après 3 ans de séjour, le 6 décem-

---

(1) Lettre du 17 juillet 1527. *Epist.*, V, 9. Conf., *id.*, V, 10, 13 et 22.

bre 1527, et descend la Loire jusqu'à Briare où il fixe un rendez-vous
à son ami, le bénédictin. Toutes ses précautions sont prises. Il
écrit encore, en style biblique, une autre lettre à Aurélien d'Aquapendente, puis à Augustino Fornari, ses protecteurs. Douze jours
après, il est à Gien où, de l'auberge des Trois-Rois, il envoie à son
moine de Saint-Benoit, qu'il n'a pas rencontré à Briare, un second
rendez-vous au bourg de Saint-Martin, près de Montargis, dans
une hôtellerie à l'enseigne du *Pressoir d'Or*, où il restera deux ou
trois jours pour se reposer. Le 20 décembre suivant, après avoir
préalablement expédié sa bibliothèque par la Lorraine à Augustino,
il arrive à Paris, où il correspond avec Chapelain en janvier, mai et
juin 1528, mais en retenant sa plume vipérine. Ayant également
écrit à Louise de Savoie, il n'en obtient aucune réponse : Chapelain
avait prétendu que rien n'était encore perdu pour Agrippa et que, si
le docteur voulait employer auprès d'elle l'évêque de Bourges et le
Sénéchal, il pourrait rentrer dans les bonnes grâces de la reine-
mère (1). Le Chancelier de France est favorablement disposé envers
lui, et le fait même pressentir pour de nouvelles fonctions, il lui
payera, au besoin, ses appointements sur sa propre cassette, mais
Agrippa a l'expérience *des finesses gauloises et ne s'y laisse plus
prendre.* Il ne réclame qu'une chose, un sauf-conduit (2); il prétend que la reine-mère ne serait pas étrangère à ces manœuvres de
la derniere heure, qu'elle est, au fond, vexée de son départ, et ses
atermoiements, son retard à signer le sauf-conduit n'ont d'autre but
que de le déterminer à changer de résolution (3). Elle a fait mieux :
un magicien célèbre qu'elle a mandé est venu d'Allemagne ; c'est une
ruse de guerre pour éveiller les susceptibilités et la jalousie bien
connue d'Agrippa en lui opposant un confrère. La reine-mère est à
Saint-Germain, Agrippa est à Paris; les jours s'écoulent et les dépenses se succèdent sans interruption. Quand sortira-t-il de là? Il n'en
sait rien. Sans doute il exerce la médecine pour vivre et il y gagne
quelque argent, mais, comme il le dit lui-même, « *à peine de quoi
subvenir aux besoins journaliers* ». Ses regards sont constamment
tournés du côté d'Anvers. C'est là qu'est la paix, là le bonheur, là
peut-être la fortune.

---

(1) *Epist.*, V, 22. Comp. document traduit, p. 78.
(2) Lettre datée de Paris du 1er janvier 1528 (*Epist.*, V, 23). Depuis le 20 décembre 1527, Agrippa était à Paris (*Epist.*, V, 20 et 24).
(3) *Epist.*, V, 23, 24, 25, 27 et 28.

XII

Depuis bientôt quatre mois Agrippa attend avec anxiété. Enfin le 25 février 1528, il reçoit du roi un sauf-conduit valable pour six mois et pour dix personnes (1). Malgré cela, il n'est pas tranquille, et *ne sera point protégé des voleurs :* il lui faut aussi des lettres de sécurité de la part du duc de Vendôme, dont les troupes occupent les frontières (2), et un passe-port de Marguerite d'Autriche, régente des Pays-Bas. Tous obstacles franchis, un autre se dresse aussitôt. Le pauvre docteur, comme il le dit lui-même, « *est tombé de Charybde en Sylla* ». Maintenant qu'il va pouvoir voyager, il n'aura plus d'argent. Après avoir éprouvé ce qu'il appelle la sottise des Princes, Agrippa éprouve l'amertume de constater l'ingratitude d'un ami; aux imprécations d'Agrippa, il semble que cet intime familier, jusqu'au jour de l'épreuve, devait être un de ceux sur lesquels on a le droit de compter d'une manière absolue en toutes circonstances critiques. Désespéré, il s'adresse à Aurélien d'Aquapendente, puis à Augustino Fornari, et leur expose avec éloquence sa situation aussi précaire qu'intolérable : s'ils ne viennent à son secours, il est perdu (3). Auprès du duc de Vendôme, il fait tenter de nouveaux efforts, aussi stériles que les premiers; ses lettres n'arrivent même pas à destination. Mais les événements se précipitent; il apprend que la reine-mère et la princesse Marguerite ont résolu de le supprimer. Aussi part-il la nuit furtivement, laissant à Paris femme, enfants et bagages, et se dirigeant sur Anvers (4), où il arrive le 23 juillet 1528. Sa première correspondance est adressée à Aurélien d'Aquapendente qu'il attend au premier jour, ne voulant se faire reconnaître de per-

(1) *Epist.*, V, 39, 43 et 45.
(2) Lettre à Chapelain du 6 mai 1528 (*Epist.*, V, 43). Le duc de Vendôme, à qui on avait présenté sa requête de sauf-conduit, déclara qu'il *n'apposerait jamais sa signature sur une feuille portant le nom d'Agrippa.* (Voir lettre d'Agrippa à Oronce Finé. *Epist.*, V, 30.) On ignore si Agrippa obtint du duc les *litteræ dimissoriæ* (*Epist.*, V, 35 et 36.)
(3) Au commencement de janvier 1528, les douze premiers jours d'entretien à l'auberge lui coûtent déjà, dit-il, près de 20 couronnes d'or; il avait pris gîte dans l'hôtellerie de Sainte-Barbe, rue de la Harpe. Fornari était alors en voyage on ne sait où ; Agrippa lui écrivit néanmoins à tout hasard. Il finit par trouver asile au couvent des Carmes, d'où est datée sa dernière lettre de Paris du 16 juillet 1528. (*Epist.*, V, 27, 28, 38, 43 à 48.)
(4) *Epist.*, V, 50 et 51.

sonne avant d'avoir conféré avec lui. C'est un billet très court qu'il fait parvenir en toute hâte. Sa seconde lettre est pour Chapelain : C'est un cri de joie non moins qu'une sauvage imprécation. La reine-mère y est de rechef surnommée Jézabel, et Cornélis invoque ici jusqu'aux chiens qui doivent la dévorer. Mais il s'est peut-être trop empressé de triompher. Il attend Aurélien d'Aquapendente, qui ne vient pas à lui avec tout l'empressement désirable. Aussi les plaintes recommencent-elles, et voici que des craintes et pressentiments pénibles envahissent son être impressionnable. Il lui arrive soudain une lettre de son parent Guy Furbity (1), auquel il avait confié à Paris, à l'heure de son brusque départ, sa femme et ses enfants. L'affliction sincère déborde en Agrippa quand il lit que sa femme est tombée malade. On doit lui rendre cette justice que, chaque fois qu'il parle de cette compagne dévouée, Jeanne Loyse Tytie (2), sa seconde femme, il trouve des accents attendris qui émeuvent profondément.

Accablé de préoccupations, toujours en correspondance avec ses amis, inquiet de sa nombreuse famille qui est loin de lui, de l'épouse qu'il chérit, et dont la santé est chancelante, sans cesse harcelé par des créanciers, sans cesse consulté par ses disciples, il est d'une telle ardeur au travail qu'il peut cependant mettre la dernière main à ce livre composé à Lyon sur « *l'Incertitude et la Vanité des Sciences et des Arts* », qui va paraître bientôt et deviendra pour lui la source d'autant de nouveaux tourments que de nouveaux honneurs. C'est en effet dans le courant de l'année 1528, qu'il a passée à Anvers, que paraît pour la première fois ce singulier ouvrage qui est, en même temps que le signal de l'émancipation de l'esprit humain et de la libre critique, comme un défi jeté à la raison humaine. Malgré ses efforts, sa situation pécuniaire ne s'améliore pas et ce n'est qu'au prix d'incessantes démarches, de mille prières et supplications, qu'il parvient à réunir la somme nécessaire pour faire revenir les siens de Paris à Anvers.

(1) Ce dominicain combattit Farel à Genève et fut religieux au Couvent de Montmélian, près de Chambéry.

(2) Le poète *Hilaire Bertolph* et *Aurélien d'Aquapendente* ont consacré des poésies latines à la célébrer dans son amour et sa beauté (*Opera omnia*, II, p. 1151). On trouve dans ce recueil une lettre de Bertolph, datée de Bâle du 11 novembre 1523, qui parle d'une pièce de vers qu'il aurait faite deux ans auparavant, quand il fut admis à Genève dans la famille Agrippa. Cette lettre se termine ainsi : « *Ce jour, pendant le dîner, nous avons eu à votre sujet, cher Agrippa, un de ces entretiens brillants qui plaisent tant au Seigneur Erasme. En votre absence que nous regrettions tous, on y a fait un bel éloge de vos rares mérites. Étaient présents Claude Chansonnette, votre ami, Philibert de Lucinge, le grand philosophe Thomas Zegerus et plusieurs autres.* » (*Epist.*, III, 44.)

XIII

Sa réputation de médecin l'ayant fait appeler en juin et juillet 1529 auprès de certains malades à Louvain et à Malines (1), il échange pendant cette absence une correspondance active avec Jean Wier (2), son élève et son familier. Agrippa s'y montre impatient de se retrouver auprès de sa femme, de ses enfants, de ses serviteurs et de ses chiens (3).

L'homme apparaît ici sous une face inconnue et l'on peut affirmer que si, au dehors, son existence était des plus agitées, le pamphlétaire se plaisait au moins dans les saines jouissances de la vie de famille. Pour emprunter le langage poétique que comporte semblable situation, on peut dire qu'un coin de ce ciel fermé qui, jusqu'ici, a toujours paru si brumeux, s'est inopinément ouvert, et que notre regard surpris a remporté sur Agrippa comme une douce vision. Mais son impitoyable destinée s'accomplit décevante et cruelle : il perd sa femme et deux de ses enfants. Une peste a fondu sur Anvers ; Jeanne-Louise en est la première victime. Guy Furbity est aussitôt informé de ce malheur par une lettre qui est une explosion magnifique d'éloquente douleur (4). Il fait de la morte un portrait si touchant qu'on ne saurait conclure autrement que, pour être aimé d'une aussi angélique créature, Agrippa, à côté de grands défauts, ne pouvait manquer d'inestimables qualités. Le moine augustin *Aurélien d'Aquapendente*, docteur en théologie, fit sur elle après son trépas une épigramme latine traduite ainsi par M. Charles Boy, de Lyon :

(1) *Epist.*, V, 71, 73 et 75.

(2) Né en 1515, à Grave-sur-Meuse, ce docteur-médecin mourut en 1588. Ses œuvres ont été réunies en un volume in-4 de plus de mille pages à Amsterdam en MDCLX.

(3) Les lettres échangées à cette époque entre Agrippa et les gens de sa maison restés à Anvers permettent de jeter un coup d'œil intéressant sur son intérieur : ces genres de tableaux de la vie privée sont rares dans les documents anciens. *Epist* , V, 72 à 78.

(4) *Epist.*, V, 81. Jeanne-Loyse mourut le 17 août 1529 à Anvers, ainsi que plusieurs serviteurs de sa maison. Agrippa avait reçu à Malines un court billet lui apportant un signal d'alarme (*Epist.*, V, 78) ; il se rendit soudain auprès de sa femme, mais il ne put la sauver. Au lendemain de cette mort, qui brisait le bonheur de sa vie, Agrippa abandonnait l'exercice de la médecine auquel il s'était adonné depuis sept ans. Il accepta alors les offres de la cour des Pays-Bas.

Dans le plus riche écrin bien que l'on eût choisi
  Ta beauté que chacun adore,
Moi je l'aimais voilée et te disais : *Ainsi,*
  A mes regards, oh! reste encore!

D'ailleurs de ta parole et de ton amitié
  Et de ta bonté d'ange,
Trésors que nous a pris la Parque sans pitié,
  Unanime était la louange.

Mais enfin si sa bouche a violemment soufflé
  Sur ce flambeau cher à ma vue,
C'est que de remonter à son ciel étoilé
  L'heure pour elle était venue (1).

A la lettre adressée à Furbity par Agrippa, deux autres (2) succèdent : l'une envoyée à Aurélien, l'autre à Chapelain, toutes deux également pleines d'émotion douloureuse et communicative. Mais cette douleur ne lui fait pas oublier que, comme médecin, il a des devoirs à remplir. La plupart des praticiens d'Anvers s'étaient éloignés précipitamment dès l'apparition du fléau. Agrippa reste à son poste. Mais il a dû changer de maison et demeure à présent chez Augustino Fornari (3). Nuit et jour il est sur pied, se prodiguant, faisant face au fléau et lui arrachant ou du moins lui disputant avec une noble opiniâtreté le plus grand nombre de victimes qu'il peut. Quoique n'ayant aucune crainte de l'épidémie, il prend cependant quelques précautions ; d'autre part, il a composé, sur les anciennes recettes de Galien et d'autres archiatres célèbres, un remède souverain (4) qu'il applique partout où il en juge l'occasion propice. Le fléau disparu, les médecins qui s'étaient enfuis devant lui rentrent à Anvers, et, pour couvrir leur honteuse défection, ils s'empressent d'attaquer le professeur Jean Thibault comme ayant exercé illégalement leur art. On s'en rapporte au témoignage d'Agrippa qui prononce devant le Conseil Impérial de Malines un réquisitoire virulent contre ces déserteurs du devoir, et tout en faveur de l'accusé qui, lui, est resté à son poste, au milieu des dangers de cette peste terrible : « *Thibaut a combattu à mes côtés*», dit l'ancien capitaine des premières guerres de l'Em-

(1) *Revue Savoisienne,* 1874.
(2) *Epist.,* V, 72 et 73.
(3) Voir la note XXII de l'ouvrage de M. *Aug. Prost,* tome II, page 481. Fornari avait à Anvers une maison que gérait et habitait son cousin Nicolas.
(4) On trouve dans ses *Opera omnia* cet antidote contre la peste ; sa rédaction latine est dédiée à Théodoric, évêque suffragant de Cologne.

pire. A la grande indignation des Hippocrates Anversois, Thibaut
gagna son procès.

XIV

L'ouvrage principal qu'Agrippa venait de faire paraître faisait
grand bruit. Est-ce à cela qu'il faut attribuer les démarches que l'on
fit alors auprès de lui, démarches qui toutes s'adressaient bien plus
à l'écrivain qu'au médecin. Rien n'autorise à rejeter cette opinion.
Jadis, réduit pour vivre aux derniers expédients, le voici maintenant
en bonne voie. Ira-t-il en Angleterre où l'appelle Henri VIII par l'entremise du Chancelier Gattinara? Obéira-t-il à son protecteur, l'éminent diplomate *Eustache Chapuys*, qui lui conseille, au nom de
Charles-Quint, de prendre la défense de Catherine d'Aragon menacée
d'un divorce éclatant? Chapuys, pour l'attirer dans son parti, s'y
prend avec habileté. Il commence par le féliciter de son nouveau
livre; puis longuement, il lui explique les avantages qu'il pourrait
retirer des services à rendre à l'empereur en cette circonstance (1).
Agrippa, depuis longtemps édifié sur la reconnaissance des grands
de la terre, sait bien qu'en épousant le parti du roi d'Espagne il
s'aliénera pour toujours le roi d'Angleterre. Voulant rester neutre,
il lutte contre les arguments réitérés de l'ambassadeur.

Un troisième, puis un quatrième moyen d'échapper à cette alter-
native lui sont offerts. Le troisième vient du marquis de Montferrat,
mince personnage vis-à-vis de la grandeur impériale. Il opte pour la
Gouvernante des Pays-Bas, Marguerite d'Autriche, qui réside à
Bruxelles. Au nom de l'empereur il accepte d'elle les titres de *Bibliothécaire et d'Historiographe* (2). Afin de fournir une preuve de son
aptitude à ces fonctions, Cornélis écrit le récit du *Couronnement de*

(1) La correspondance d'Eustache Chapuys avec Agrippa, qui se compose de
15 lettres, imprimées dans les *Epistolæ familiares*, appartient à deux époques
distinctes : la première comprend onze lettres de 1522 à 1525, la seconde en
fournit quatre, du 26 juin au 25 novembre 1531. Voir pour celle-ci *Epist.*, VI, 19,
20, 29, 33 ; — Doc. trad., plus loin pp. 77, 81, 84, 85, 87, 103, 105, 113 et 121.
(2) Les archives départ. du Nord, à Lille, conservent une lettre autographe
d'Agrippa au grand conseil de Malines et des comptes de finances où l'on voit
que Charles-Quint a donné à son historiographe la somme de 50 livres en 1532
pour « *furnir aux despenses qu'il a faiz par cause de sa retenue au dict estat* ».
Les lettres-patentes du 29 décembre 1529, par lesquelles l'empereur élève Agrippa
aux fonctions d'indiciaire et d'historiographe impérial, avec pension annuelle de
200 livres, sont aux Archives Royales de Bruxelles, où je les ai consultées.

Charles-Quint(1), morceau de style qui n'a rien de commun avec l'histoire. C'est un compte-rendu minutieux de la manière dont se passait au xvi° siècle cette cérémonie, intéressante pourtant par l'éclat des couleurs, le pittoresque et la pompe exigée par le protocole, comme aussi par la multiplicité des grands personnages qui y prennent part selon leur rang. Ce n'était là d'ailleurs que le prélude de plus sérieux travaux pour lesquels il s'empressait de demander communication de documents inédits.

Charles-Quint ayant eu son cadeau littéraire, il était juste que la gouvernante des Pays-Bas eût le sien. Si Marguerite de Valois, alors qu'elle préparait son mariage avec Henri de Navarre, reçut d'Agrippa un opuscule *Sur le sacrement du mariage*, accueilli comme une ironie, Marguerite d'Autriche reçut la primeur d'édition de la fameuse dissertation sur *la Supériorité du sexe féminin* (2), qui, depuis longtemps composée, devait être au début dédiée à la princesse française, mais dont les moines, après l'affaire Catilinet, avaient empêché la publication.

XV

Le nouvel historiographe impérial, depuis la mort de l'épouse qu'il adorait, n'avait plus le goût de résider à Anvers et, d'autre part, son changement de situation entraînait la nécessité de transférer sa demeure à Malines (3) : il vint s'y établir et y épousa une troisième femme, dont on ignore le nom et avec laquelle il ne fut pas heureux (4). D'une incroyable activité, il travaille, se multiplie pour arriver à quelque fortune et s'occupe même de la vente de ses livres (5). La publication de ses opuscules précède l'apparition de ses grands traités. C'est pendant le cours de l'impression de ceux-ci

(1) Le *De duplici coronatione Cæsaris apud Bononiam historiola* fut imprimé à Anvers et dédiée, en 1530, à Marguerite d'Autriche, morte peu de temps après, en décembre 1530.

(2) Ouvrage composé à Dôle en 1509 et imprimé à Anvers en 1529, chez Michel Hillenius, dans un recueil in-8° contenant les petits traités de Cornélis Agrippa.

(3) C'est à Malines que résidait Marguerite d'Autriche, gouvernante des Pays-Bas, et où siégeaient le Parlement et les Conseils du gouvernement.

(4) On ne sait sur ce point que le peu de renseignements fournis par Jean Wier, c'est-à-dire le mariage d'Agrippa en 1530 avec cette flamande et la répudiation qu'il en fit à Bonn en 1535, l'année même de sa mort à Grenoble, comme on va le voir plus loin.

(5) *Epist.*, VI, 11.

qu'il fait éditer successivement l'histoire du couronnement en 1538,
l'oraison funèbre de Marguerite d'Autriche en 1531, et la même année
les commentaires sur l'*Ars brevis* de Raimond Lulle. Tout cela
apportait une utile diversion à son chagrin de la disparition tragique
de Jeanne-Loyse. Mais la publication de *l'Incertitude et Vanité des
sciences et des arts* vint lui susciter d'autres déboires auxquels il
était loin de s'attendre. Ses ennemis, qui veillaient toujours, et dont
l'envie s'exaltait au fur et à mesure que l'astre d'Agrippa semblait
grandir, avaient perfidement détaché de son ouvrage quelques propositions qu'ils avaient soumises au Conseil de Malines, qui les avait
acceptées telles quelles, sans ordonner, conformément au droit, que
le texte leur fût présenté dans son intégralité.

L'attaque venait encore des moines, ses ennemis irréductibles, auxquels s'étaient joints quelques professeurs Lovanistes que le septicisme
d'Henri Cornélis avait froissés dans leur dignité de savants et d'auteurs d'ouvrages scientifiques et littéraires. Selon son habitude, il se
défendit avec énergie; mais le Conseil, tout en appréciant les arguments
de l'incriminé, subissait une pression qui venait d'en haut. Agrippa
le sentait bien, mais que pouvait-il contre tant d'hostilités déchaî-
nées ? Marguerite d'Autriche circonvenue, il prévoyait une nouvelle
série de persécutions. Heureusement pour lui la Régente vint à mourir sur la fin de 1538. Il composa sur elle un pompeux panégyrique
avec d'autant plus d'enthousiasme qu'il ignorait alors que, si la
mort n'avait surpris à temps cette princesse, il n'était rien moins
qu'exposé au dernier supplice. S'il eût un moment l'idée de porter
ses plaintes jusqu'au trône, il en fut détourné, informé qu'il fut par
des amis que Ferdinand d'Autriche et Charles-Quint partageaient
pour son œuvre les préventions de Marguerite (1).

Au lieu de se faire oublier et de courber la tête sous l'orage, il jeta
dans le public comme un nouveau défi à ses adversaires sa *Philosophie occulte*. Toutefois, en homme avisé, en dépit de ses impruden-
ces qu'on serait presque tenté de considérer comme des bravades, il

---

(1) L'auteur, en publiant *l'Incertitude et Vanité des sciences et des arts*, s'attendait à une violente tempête. Quand elle éclata, suscitée par les moines, il déclara
l'avoir prévue et rappelle alors à un ami qu'il avait osé la prédire dans la pré-
face de son volume (*Epist.*, VI, 15). Malgré ses lettres de privilège, Agrippa se voit
vivement attaqué, mais il trouve deux vaillants défenseurs dans le cardinal
Campegio et le cardinal de La Marck, évêque de Liège. Ces deux cardinaux
purent adoucir les rigueurs de son désastre, mais ils furent impuissants à lui
faire rendre les faveurs de la cour. Quant à son emploi d'historiographe impérial, il ne lui fut point retiré, mais on ne lui payait pas sa pension. Aussi
Agrippa disait : « *je suis créancier de César.* »

eut soin de placer son livre sous la protection de l'Electeur de Cologne qui, flatté d'une dédicace des plus obséquieuses, lui répondit
par une lettre où s'étalent une grande admiration pour le philosophe
et des remerciements d'une généreuse naïveté. D'après Agrippa, la
magie est *la véritable science, la philosophie la plus élevée et la plus
mystérieuse, en un mot la perfection et l'accomplissement de toutes les
sciences naturelles*? Mais cette publication ne fit qu'empirer le mal.
D'autre part, sa situation matérielle était des plus précaires, ses
appointements d'historiographe impérial ne lui avaient pas été payés
depuis la mise en vente, en 1531, du livre I de sa *Philosophie occulte* (1); la pratique médicale lui était devenue impossible au sein
d'une population hostile; ses créanciers le traquaient, nul recours;
ses amis impuissants; ses livres condamnés; il était à prévoir que
cette vie romanesque finirait par la prison. C'est ce qui arriva en effet.
Au matin du 21 août, des appariteurs belges envahissent son domi-
cile, le saisissent et le promènent à travers la ville au milieu de gens
ameutés, surexcités, qui ne lui marchandent pas l'outrage. On le
conduit dans un cachot de la ville de Bruxelles. Accablé tout d'abord
par tant d'infortune, le prisonnier s'adresse en suppliant au cardinal Laurent Campegi, alors Légat de Clément VII auprès de la diète
germanique; puis, se redressant sous l'insulte avec cette énergie et
cette fierté de caractère qui ne l'ont jamais abandonné dans les circonstances les plus difficiles, il se met à fulminer contre ses juges un
réquisitoire indigné où il s'élève contre l'illégalité de son arresta-
tion, où il proteste de la sincérité de ses intentions, où il flagelle avec
âcreté ses ennemis et apprend orgueilleusement à ses juges ce que
c'est que la justice qu'ils ne connaissent pas. Une telle diatribe n'é-
tait pas faite pour améliorer son sort, et l'on ne sait trop ce qu'il en
serait advenu si le Cardinal-légat, à qui avait été dédié le livre de
la *Philosophie occulte*, n'était intervenu avec le cardinal Berhard de
la Mark, qui le tirèrent encore ensemble de ce mauvais pas.

(1) L'impression du traité de l'incert. et vanité des sc. fut datée ainsi au dernier feuillet : *Ioan. Grapheus excudebat anno a Christo nato MDXXX mense sep-
tembri Antwerpiae*. Or, Agrippa avait remis immédiatement après à l'imprimeur
sa *Philosophie occulte*, puisque cinq cahiers étaient déjà terminés au 10 janvier
1531 (*Epist.*, VI, 14). Cette belle édition contient au folio du titre un magnifique
portrait d'Agrippa qui, à mon avis, est le plus ressemblant de tous les portraits
nombreux qu'on a de lui.

XVI

Pendant qu'il était en prison, il reçut d'Eustache Chapuys, alors ambassadeur impérial à Londres, chargé par Charles-Quint de s'opposer au fameux divorce qui préoccupait l'Europe entière, une lettre où ce diplomate lui redemandait le concours de sa plume impétueuse pour défendre Catherine d'Aragon. Cette fois, Agrippa, qui ne sait plus que devenir, est trop heureux d'accepter. Rendu à la liberté, il s'empresse d'adresser une lettre à l'empereur qui ne lui fait aucune réponse. Il envoie d'autre part à Erasme un exemplaire de *l'Incertitude et de la Vanité des Sciences et des Arts*, dans l'espoir que le témoignage public d'un écrivain aussi universellement admiré et respecté pourra le mettre à l'abri d'autres persécutions; mais le célèbre auteur de *l'Eloge de la Folie* lui déclare nettement « qu'il tient à vivre tranquille, que sa vie n'a été que trop agitée, et qu'il n'éprouve nullement le besoin de renouveler pour un autre des polémiques qu'il a tant de fois soutenues pour lui et ses amis, et où il n'a pas toujours en le dessus ». Et il rappelle à ce propos la déplorable histoire de cet honnête Berguin qui fut brûlé à Paris pour avoir traduit en français un de ses ouvrages. De guerre lasse, Agrippa va consacrer sa plume à Catherine d'Aragon ; mais Eustache Chapuys ne lui en parle plus, et la proposition semble tomber d'elle-même, à moins de constater ici une lacune dans la correspondance des deux amis.

Agrippa avait un autre puissant protecteur dans le Prince-Electeur Archevêque de Cologne, auquel il avait dédié la *Philosophie occulte* en 1531 ; il est appelé auprès de ce prélat (1), mais on perd presque sa trace pendant ce séjour à Cologne. Ses correspondances avec le cardinal Campegi, Erasme et l'un de ses amis de Ratisbonne, Mélanchton, ne parlent que des querelles qu'il se voit obligé de soutenir contre les *Théosophistes* de Louvain à propos des propositions de libre-penseur contenues dans ses ouvrages (2).

Il n'a pas non plus abandonné la prétention, d'ailleurs naturelle, de se faire payer ses services d'historiographe et de bibliothécaire qu'il

---

(1) Une lettre d'Agrippa à Erasme, datée de Cologne, du 17 mars 1531, dit : « *Je resterai encore ici un mois, puis retournerai en Brabant.* » — Voir cette lettre traduite, p. 113.

(2) *Apologia pro defensione declamationis de Vanitate scientiarum contra Theologistos Lovanienses*, dans les œuvres comp. d'Agrippa, tome II, p. 257.

a rendus à Marguerite d'Autriche et à l'empereur (1) ; il y tient d'autant plus « *qu'il redoute fort ses créanciers qui contrarient tous ses mouvements*». Quant au troisième mariage qu'il avait contracté à Malines, il n'avait point amélioré son sort, puisque, après cette union peu favorable sous tous rapports, il est plus pauvre qu'auparavant. Aucune mention n'en est faite dans ses lettres et l'on en est réduit sur ce point à cette affirmation de Jean Wier : « *ubi conjugem Mechlinensem Bonnæ repudiasset anno tricesimo quinto supra sesquimillesimum* (2). »

Quittant furtivement Malines, il s'était sauvé, en mars 1532, dans les Etats et sous la protection souveraine de l'Electeur de Cologne. La cause de ce brusque départ n'était point sa disgrâce à la cour des Pays-Bas, mais la vulgaire nécessité de se mettre à l'abri des poursuites de ses créanciers (3). Au courant de l'été de cette même année, il reparaît un instant en Brabant, puis il vient à Francfort en septembre, et ensuite à Bonn, où il finit par s'établir définitivement (4) et y passe la majeure partie des trois dernières années de sa vie. De cette résidence, il pousse activement une réimpression de ses ouvrages, dont le succès devenait retentissant ; il fonde une grande espérance sur ces nouvelles éditions, mais il espère sans le grand inquisiteur Conrad d'Ulm, qui vient de lui susciter de gros ennuis, en interdisant la seconde édition de ses œuvres. Protestant énergiquement contre ce véto, Agrippa objecte qu'il est nanti d'une autorisation écrite et scellée du sceau impérial : il en réfère au sénat de Cologne dans un plaidoyer habile et fougueux qui n'est guère qu'une répétition de ceux dont on a déjà parlé. Entre temps, il adresse à Marie, reine de Hongrie, un long factum (5), sorte de panégyrique de sa propre vie, fait par lui-même, où il étale avec une superbe audace, mais non sans une certaine éloquence parfois élevée, son profond dévouement à l'empire « *qu'il a préféré servir malgré les avantages*

(1) Voir Archives de Lille, *Comptes des finances* de 1532, folio 216, que nous avons déjà indiqué précédemment, p. 35 note 2.

(2) Wier, *De magis*, chap. 5, p. 111.

(3) *Epist.*, VII, 21.

(4) Dans une grande maison, et c'est la dernière qu'on lui connaisse (*Epist.*, VII, 14, 15, 16, 18). De là il correspond encore avec Dom Luca Bonfius, secrétaire du cardinal Campegi, et avec Dom Bernard de Paltrineriis, son majordome (*Epist.*, VI, 30 ; VII, 2, 3, 7, 8, 14, 15, 22).

(5) Ce mémoire avait pour objet d'obtenir le payement ultérieur de sa pension de 200 livres comme fonctionnaire impérial et la remise à ses créanciers des arrérages qui lui étaient dus, mais il en profite pour rappeler à grands traits son *curriculum vitæ* présenté sous un jour favorable à sa personne. Il y avait joint les lettres de l'ambassadeur Chapuys et remis à Khreutter le tout afin qu'il le lise à la Reine. La lettre à Khreutter et la requête à la gouvernante des Pays-Bas ne portent point de date, mais ces deux pièces sont antérieures à Noël 1532.

exceptionnels dont il avait été comblé par la cour de France...» Quelle
palinodie ! La reine fut-elle ou non touchée de ses doléances ? Il ne
paraît pas qu'elle lui soit venue en aide dans sa présente détresse.
Nul doute que les moines, ses ennemis, n'aient encore indisposé à
son égard la nouvelle gouvernante des Pays-Bas, comme ils l'avaient
fait de Louise de Savoie, de Marguerite d'Autriche et des empereurs
Ferdinand V *le catholique* (1) et Charles-Quint.

L'archevêque de Cologne, Hermann de Wiede, auquel Agrippa se
recommande pour le soutenir dans sa récente querelle (2), n'ose pas
y intervenir, bien qu'il soit un de ses plus dévoués protecteurs. Henri
Cornélis en appelle à Erasme et ce rusé critique, avec une prudence
mal dissimulée, lui conseille *de se retirer de ces nouveaux embarras,
s'il en est temps encore ; s'il est trop engagé dans la mêlée pour en
sortir sans y laisser quelque chose de son honneur ou de sa réputation,
de combattre alors de loin comme d'une tour, et de bien viser l'ennemi...* Est-ce pour suivre ce conseil, est-ce par fatigue morale, par
dégoût, qu'Agrippa semble soudain renoncer à la lutte ? Il part. On
le retrouve peu de temps après avec le Prince-Archevêque aux eaux
thermales de Wertrigies (3). C'est la localité d'où est datée la dernière des *Epistolæ familiares.* Que devient-il ?

XVII

Obéissant sans doute à des sollicitations amicales ou peut-être à
cette réelle sympathie qu'il avait depuis sa jeunesse éprouvée pour la
France, où du reste il avait des parents, il a l'idée funeste de revenir
à Lyon. C'était se jeter tête baissée dans la fournaise. Il est cependant
vrai que le temps était loin où, par ses écrits mordants, par ses
menaces, ses violentes satires contre la cour de Louise de Savoie, il
s'était attiré de si tenaces rancunes ; jusqu'à un certain point il avait
bien le droit de les croire apaisées, sinon complètement éteintes
Malheureusement pour l'infortuné philosophe, le souvenir en subsis-
tait encore et, dès son arrivée à Lyon, il est appréhendé au corps et

(1) 1452-1516.
(2) La correspondance avec ce prélat se compose de 10 lettres des années 1531,
532, 1533.
(3) Ou Bertrich.

incarcéré. Ce n'est que sur la pressante intervention de hauts personnages qu'il peut à nouveau sortir de prison.

Rendu à la liberté, il va se réfugier à Grenoble, où il mourut inopinément en 1535 à l'âge de 49 ans, dans la maison de François de Vachon de la Roche, alors Président au Parlement du Dauphiné. Cet hôtel particulier était situé rue des Clercs. Ainsi finit cette triste vie d'aventures à travers le monde et les cours.

Le pauvre écrivain, blâmé par les uns, loué par les autres, fut pieusement inhumé dans l'église des Frères-Prêcheurs. En 1562, cette église de Grenoble fut détruite par les protestants; mais, au temps de Guy Allard, une pierre carrée indiquait encore exactement le lieu de la sépulture de l'ami d'Erasme et d'Eustache Chapuys. Sa mort prématurée a donné lieu aux légendes les plus absurbes qu'ont su relever Bayle et les plus récents biographes, afin de rendre au trop célèbre aventurier sa véritable physionomie. Mais c'est dans son ample correspondance qu'on peut seulement la surprendre avec sincérité et, quant à son prétendu rôle de magicien, sa meilleure défense est dans ces paroles d'un autre philosophe, avec lequel il a de l'analogie dans le caractère, les aventures et les idées, ce Lucius Apulée du temps d'Adrien : « *J'estime qu'une âme humaine peut très bien, au moyen d'incantations qui l'évoquent hors d'elle-même ou d'odeurs qui la séduisent, être endormie et extériorisée, au point d'oublier la réalité présente ; que, perdant peu à peu le souvenir matériel du corps, elle peut être ramenée, rendue à sa nature évidemment immortelle et divine, et que, en cet état d'assoupissement, elle peut présager l'avenir.* » L'art d'Apulée commence là où s'arrête celui du médecin (1). On ressent l'intime sentiment d'Agrippa à cet égard dans une de ses lettres à Aurélien d'Aquapendente (2), où il lui enseigne « de ne pas se fier aux livres ; on y voit vanter l'irrésistible pouvoir de la magie, les prodiges de l'astrologie, les merveilles de l'alchimie et cette fameuse pierre philosophale... toutes choses vaines et mensongères si on les prend à la lettre... mais le sens vrai de tout cela se trouve ailleurs ; il est voilé par de profonds mystères que nul docteur n'a jamais clairement expliqués... de là les inutiles efforts de ceux qui cherchent sans discernement à pénétrer les secrets de la nature et qui, s'ignorant eux-mêmes, cherchent au dehors ce qu'ils ont en eux... Ces prodiges annoncés avec tant de hardiesse par les mathématiciens, magiciens,

(1) Paul Vallette, *l'Apologie d'Apulée*, 1 v. 8°, Paris, Klincksieck éditeur, 1908. Conf. *Journal des savants*, mai 1909, p. 237.
(2) Lettre datée de Lyon, du 24 septembre 1527 (*Epist.*, V, 14).

alchimistes et nécromanciens, il dépend de nous de les accomplir et nous le pouvons sans crime, sans offenser ni Dieu, ni la religion. C'est en nous-mêmes qu'est le magicien : *Spiritus in nobis qui viget, illa facit.* »

SECONDE PARTIE

—

DOCUMENTS TRADUITS ET ANNOTÉS

EXTRAITS ANNOTÉS ET TRADUITS

POUR LA PREMIÈRE FOIS DU LATIN

par M. Joseph Orsier

DE LA

Correspondance de Cornélis Agrippa

AVEC SES AMIS ET LES PERSONNAGES DE SON TEMPS.

———————

I

Henri Cornélis Agrippa à Landolphe.

Avignon, 9 février 1509 (1).

Je serais bien allé vous trouver à Lyon, mon cher Landolphe, mais les différents voyages que je viens de faire ont épuisé mes ressources. Nous sommes retenus à Avignon, où nous continuons à travailler jusqu'à ce que nous nous soyons procuré de nouveaux fonds qui nous permettront de partir. Mais, puisque vous me demandez des détails sur cette tragi-comédie qu'on appelle notre vie, je ne vous les marchande pas. Vous savez déjà qu'après la prise de la Citadelle Noire, prise à laquelle mes engins de guerre ont beaucoup contribué, nous avons été préposés à la garde de la Vallée-Ronde. J'y allai donc avec Janot et là nous perdîmes beaucoup de temps, au péril de notre vie, péril renaissant chaque jour, la population qui nous entourait nous étant souverainement hostile. Nous nous décidâmes enfin à prendre une plus sage résolution (il s'agissait de surveiller les

(1) Cette lettre romantique est une véritable énigme de noms de localités, de personnages et de péripéties. Conf. dans *Prost*, tome II, p. 467, la lettre de l'académicien espagnol *Don Manuel Milà y Fontanals* sur les problèmes topographiques que soulève ce document d'Agrippa.

intérêts que vous connaissez); je partis donc à travers le *Peniacum* pour gagner de là Gérona.

Vous m'aviez fait savoir que vous alliez à Barcinone. Enchanté de votre détermination, Janot prend la route de Barcinone pour des causes que nous n'ignorons ni l'un ni l'autre. Il me laisse donc seul de garde et se met en chemin. Il devait revenir vers le 15 juin, pensait-il (erreur de sa part), pour la fête de saint Jean-Baptiste. Il avait convié pour cette date à un grand festin le prieur du couvent de Saint-Georges avec un vieux franciscain dont il était l'ami intime, sans parler de beaucoup d'autres depuis longtemps engagés pour la fête. Vous a-t-il rencontré à Barcinone? Qu'avez-vous fait ensemble? Qu'avez-vous résolu? Voilà ce que j'ai toujours ignoré jusqu'ici. Mais, par Hercule! c'était bien heureux pour vous que vous fussiez loin du danger. Et cependant, tout heureux d'espérances dont j'attendais la réalisation, ne me doutant pas le moins du monde du malheur qui me menaçait, je vivais insouciant de l'avenir, au milieu de mes plus terribles ennemis. Je comptais sur le prochain retour de Janot. Le jour du banquet était arrivé et le soleil allait se coucher que Janot n'était pas encore de retour.

Ai-je besoin de vous dire de quelles craintes j'étais assailli, de quels funestes pressentiments mon âme était pleine! L'approche de la nuit augmentait encore nos terreurs. Bref, j'essaie de m'endormir. A peine avais-je fermé les yeux qu'un signal retentit au dehors. Le pont-levis est baissé, et l'économe de l'abbaye est introduit près de moi. Il veut aussi parler à Pérotte, appelle deux autres amis de Janot et nous révèle alors le danger qui nous menace. Les paysans sont partout soulevés; Janot a été arrêté, enchaîné et conduit dans les montagnes; deux de ses hommes ont été massacrés, le reste est prisonnier avec lui. Quant à vous, ajoute l'abbé, il faut sans tarder pourvoir à votre sûreté. Pas une minute à perdre. Tout à l'heure, si nous tardons, il va nous falloir en venir aux mains. Il s'agit de la vie, il n'y a pas à hésiter. Nous l'écoutions, cloués sur place par l'épouvante, terrifiés. Mon cœur ne battait plus; mes genoux tremblaient sous moi; mes membres étaient convulsivement secoués; mes cheveux se dressaient sur ma tête et ma voix se mourait au fond de ma gorge. Que faire? Où aller? La frayeur nous ôtait la conscience de notre situation. Nous savions que la mort était là, près de nous, qu'un danger imminent était à notre porte; mais nous restions là, stupéfiés, immobiles. Moi-même, qui ai traversé tant de difficultés, qui me suis débrouillé au milieu de tant d'intrigues et de désordres, moi qui ai mené tant d'affaires, je n'avais plus à moi une idée nette. Nous supplions l'Econome, qui nous avait prévenu du péril, de nous aider à l'écarter.

L'Econome nous conseilla ou de nous enfuir secrètement par des chemins détournés ou de fortifier notre position et de résister courageusement à ces rustres séditieux jusqu'à ce que, découragés par notre résistance, les assiégeants se soient retirés, ou que le roi vienne à notre aide en comprimant la révolte. Fuir, mais les sentinelles des paysans gardaient toutes les issues; — résister, c'était la mort : le nombre nous écraserait certainement et, d'ailleurs, nous n'avions ni munitions ni provisions. Il y avait à trois mille pas de là environ une vieille tour à demi ruinée, située dans

les profondeurs d'une vallée marécageuse, non loin d'Arcona. Les montagnes, dans leurs inflexions, forment en cet endroit comme un golfe, et le
sol est parsemé d'étangs défendus par des entassements impraticables de
rochers. Au fond de cette gorge, sur une éminence, s'élève la tour dont
l'accès est très difficile parmi les rochers et les marais. Le seul chemin
qui pouvait nous y conduire était une sorte de sentier pratiqué dans les
lagunes au moyen de fascines disposées les unes près des autres. Cette
ruine n'avait pour habitant qu'un pauvre hère dépendant de l'abbaye et
qui gardait les viviers. L'Econome nous donne le conseil de l'occuper et
de la fortifier. Ce projet nous plaît; nous nous empressons de le mettre à
exécution. Nous faisons nos bagages, réunissons le plus de vivres que
nous pouvons et nous disposons le tout sur le dos de nos chevaux, avec
les objets les plus précieux ou du moins les plus utiles que chacun de
nous possédait Nous nous armons du mieux que nous pouvons, et nous
voilà partis à la suite de l'Econome qui nous engage dans un chemin
inconnu. La nuit favorise notre évasion et nous arrivons sans encombre
à la tour où nous déchargeons les chevaux, que nous confions ensuite à
à l'Econome. Nous tenions beaucoup à les sauver, et il s'acquitta fort
habilement de cette mission. N'est-ce pas une bizarrerie du sort? Quel
changement subit de position ! Les braves soldats que nous étions naguère
fuient aujourd'hui comme des chauves-souris, et, suprême ironie, c'était
la nuit même où nous devions si bien fêter saint Jean-Baptiste ! Apollon
n'avait pas encore montré à l'horizon son visage enflammé que mes paysans cernent la maison de Janot, l'assaillent de tous côtés, l'escaladent
à l'aide d'échelles, brisent les portes à coups de hache, bouleversent tout,
brisent tout, font enfin œuvre de paysans. Il va sans dire qu'ils volent aussi.
Quelle fête ! Ils cherchaient de tous côtés les satellites de Janot, mais ne
les trouvaient nulle part ; ils n'y étaient plus. Partis ! Nous avions laissé
là, plongés dans le sommeil, une troupe de femmes et d'enfants qui ne pouvaient donner aucune indication sur notre retraite. Celui surtout qu'ils
cherchaient avec opiniâtreté, c'était moi qu'ils appelaient l'*Allemand*. Car
il était de notoriété publique que c'était grâce à mes stratagèmes et à mes
inventions que la Citadelle Noire, qui, jusqu'ici, passait pour imprenable,
était tombée entre nos mains. Je devenais ainsi responsable de la mort de
tous ceux qui avaient été tués dans cette affaire ou de la perte de leur
liberté. Voilà pourquoi cette foule se ruait, hurlante, pleine de colère et
vomissant des menaces de mort.

Il ne leur fallut pas longtemps pour deviner où nous nous étions réfu-
giés. Mais nous avions mis le temps à profit et nous nous étions empres-
sés de barrer, au moyen de charrettes, de fascines et de terre amonce-
lées, le seul passage qui pût donner accès dans l'étroite gorge qui condui-
sait à notre tour. En outre, nous avions quelque confiance en nos armes,
qui nous donnaient un certain avantage sur les arcs et les balistes de ces
rustres. Comme nous nous y attendions, ils vinrent se heurter contre
l'obstacle que nous venions de dresser. L'assaut n'étant plus possible, ils
optent pour un siège, cernent la tour, posent partout des sentinelles. Ils
vont nous réduire par la famine. Jugez combien notre situation était
affreuse, seuls, au milieu de cette populace furieuse, ivre de vengeance et

acharnée à notre mort. La mort, elle était partout autour de nous, et
nous ne pouvions y échapper: Il ne nous restait plus que cette espérance,
la seule qui reste aux malheureux, de ne plus espérer nous sauver. Nous
ne redoutions aucunement un assaut rendu impossible par les défenses
naturelles du lieu et celles que nous devions à nos propres efforts ; mais
la faim allait venir, la faim qui allait nous forcer à tendre la gorge au
couteau de nos ennemis.

Dans ce honteux et déplorable état de choses,il se trouva pourtant quelques hommes du peuple, plus réfléchis ou déjà éprouvés dans les émeu-
tes, qui désapprouvaient cette révolte contre un roi auquel ils ne deman-
daient pas mieux que d'obéir. Profitant de leurs bonnes dispositions,
l'Abbé, que ce peuple vénérait, réunit un certain nombre de ces mutins
à Arcona : il leur représente que c'est là une révolte ouverte contre l'autorité royale et qu'il faut bien y regarder avant de prendre un si grave parti.
Il leur conseille de rendre la liberté à Janot et de nous laisser tranquilles;
mais ses efforts demeurent stériles. L'agitation des paysans est au comble ; ils s'excitent les uns les autres ; ils n'en veulent pas, disent-ils, au
roi, mais à cet odieux tyran, à Janot, dont le despotisme est intolérable,
la cruauté sans bornes. On leur a pris la Citadelle-Noire par trahison, et
ils se répandent en accusations contre Janot, contre moi surtout, dont les
infernales inventions ont amené la chute de leur place forte et de leur
liberté. Nous sommes les âmes damnées de Janot ; c'est nous qui le pous-
sons au mal ; c'est nous qui lui avons inspiré d'abuser de sa victoire. Ce
n'est pas assez, ce n'est pas trop de tout notre sang pour expier de semblables forfaits. Maintenant qu'ils en ont appelé aux armes pour recon-
quérir la liberté, ce n'est pas sur quelques paroles mielleuses et trom-
peuses qu'il les déposeront. Ils ne méconnaissent pas l'autorité royale,
mais ils veulent poser des conditions. Ils ne veulent plus de servitude, et
ils sont déterminés à tout plutôt que de la souffrir davantage. Quant à
notre liberté à nous et à celle de Janot, ils sont tous du même avis, que
nous sommes en leur pouvoir, que personne ne nous en arrachera, et
qu'ils savoureront leur vengeance jusqu'au bout. Nous voir libres, c'était
pour eux comme une nouvelle menace, et ils avaient plus peur de nous
vivants que d'insulter le roi lui-même. Et leur colère tournait à la fréné-
sie. Ils s'enivraient de ces protestations. Le roi, disaient-ils, peut nous
promettre tout ce qu'il voudra, mais il faut que ceux-ci meurent. Ceux
qui avaient perdu quelques-uns des leurs à la prise de la Citadelle-Noire,
jetaient encore des ferments de haine dans la foule ameutée.

L'abbé,reconnaissant son impuissance,renvoya les révoltés après les avoir
gardés très longtemps dans la nuit. Les jours s'écoulaient et nous en étions
déjà à redouter plus les horreurs de la famine que les péripéties d'un assaut.
Cependant le prudent et rusé Pérotte employait son temps à méditer une
habile évasion. Il examinait scrupuleusement tous les lieux aux alentours,
fouillant tous les angles des rochers, sondant toutes les anfractuosités,
explorant tout de son regard obstiné et perçant. Un jour, qu'il avait esca-
ladé la montagne, il constata que la vue donnait sur un lac qu'il reconnut
pour être le *Lac Noir* et qui baignait le côté opposé à nous de cette montagne et s'étendait à quatre mille pas environ jusqu'à l'abbaye où il s'ar-

rêtait. Il chercha et trouva un petit sentier que venait de révéler la fonte des neiges, y marcha du mieux qu'il put, y rampa, et finalement descendit dans la plaine et alla jusqu'au lac. A son retour, il nous raconta ce qu'il avait vu. Le malheur était qu'il nous fallait absolument un bateau pour traverser le lac, et nous n'en avions pas. Il s'agissait donc de trouver un moyen de prévenir l'abbé par lettre de nous envoyer, à un endroit désigné, l'embarcation demandée ; ce qui était fort difficile, toutes les issues étant soigneusement gardées par les assiégeants. Nous nous épuisions en projets de toute sorte, lorsque j'eus l'idée d'appeler l'enfant d'un villageois qui faisait paître les troupeaux. Après lui avoir barbouillé la figure avec le suc de certaines herbes et l'avoir revêtu d'un habit de mendiant, nous lui donnons un bâton creux dans lequel nous introduisons nos lettres, et nous l'envoyons de nuit, à travers le marais, perché sur un bœuf, par un gué de lui connu. Tout en nasillardant les prières habituelles aux mendiants, il traverse la foule des paysans, qui s'écartaient sur son passage, car je l'avais équipé de telle façon qu'il inspirait bien plus le dégoût que la pitié. C'est ainsi qu'il parvint à l'abbé, auquel il rendit compte de sa mission. Le lendemain il rentra chez nous avec une réponse. Joyeux de notre délivrance prochaine, nous passons toute la nuit à prendre nos dispositions, et, pour donner le change à nos ennemis, nous envoyons de temps à autre au milieu d'eux quelques bombes et nous allumons nos signaux comme pour les prévenir que nous étions toujours sur nos gardes. Puis, à une heure donnée, nous voilà tous, chargés de nos bagages, qui défilons en silence derrière Pérotte, qui nous guidait. Nous montons la colline escarpée, par une nuit sombre, où nous glissions à chaque instant sur les rochers, nous raccrochant aux aspérités qui nous ensanglantaient les mains et les jambes.

Ce n'était pas un petit travail que cette escalade nocturne. Quand nous eûmes atteint le sommet, nous nous couchâmes sur la roche nue pour nous reposer jusqu'à ce que Pérotte, descendant de l'autre côté, eût été planter sur l'écueil désigné le signal de notre présence. C'était un morceau de toile blanche qui nous servait à cet effet. Ensuite nous nous mîmes à manger, tout en regardant autour de nous, dans la crainte d'être surpris. Vers quatre heures de l'après-midi nous voyons enfin se diriger vers nous deux bateaux pêcheurs dont les mâts étaient coiffés d'une sorte de bonnet rouge, comme il avait été convenu entre nous et l'abbé. Notre joie devient folle ; nous saluons de nos escopettes l'arrivée de la flottille. Pérotte nous conduit encore ; nous descendons lentement à travers des rochers vierges de tout pied humain et nous voilà dans la plaine, puis de là dans les barques, sauvés, heureux. Vers le soir, nous arrivons à l'abbaye. Notre évasion, comme je l'appris ensuite, fit sensation parmi les paysans qui ne savaient pas trop s'ils ne devaient pas croire à un fait surnaturel. Nous voyant miraculeusement échappés de leurs griffes, ils commencèrent à se méfier de nous avec plus de terreur encore qu'auparavant. Nous qui étions si redoutables par nos artifices et nos stratagèmes — et ils étaient payés pour les connaître — ne pouvait-il pas se faire que nous allions les surprendre par derrière avec des renforts que nous ne manquerions pas de chercher ? Ils ne pouvaient plus dormir dans cette inquié-

tude, et tous les jours quelque bande de ces révoltés se séparait du reste
pour aller faire sa soumission au roi. Mais les fauteurs de la sédition, ceux
qui avaient pillé les biens de Janot, qui l'avaient pris et le conservaient
chargé de chaînes, qui croyaient fermement que leur salut futur était dans
la mort de Janot, ceux-là restaient en armes, bien décidés à ne pas se
soumettre. Ils ne voulaient pas rendre à Janot la liberté: pour eux Janot
vivant, c'était la proscription, la confiscation, l'exil, la mort. Qu'en est-il
advenu depuis de tout cela? Je n'en sais rien encore. Mais je reviens à ma
personne. Vous le voyez, mes affaires s'étaient relevées; j'étais en sécurité
et je vivais tranquille, n'ayant que cette inquiétude de ne rien recevoir
de vous, ne sachant où vous étiez, où vous vous cachiez, en dépit de tous
mes efforts, de toutes mes recherches pour retrouver vos traces.

L'abbé me pressait de retourner à la Cour afin d'y réédifier ma fortune
auprès de ce roi dont j'avais déjà éprouvé plus d'une fois l'affection et la
munificence. Il y allait de mon intérêt, je le savais bien; mais j'avais tout
lieu de craindre que l'on ne m'employât encore à ces terribles et mysté-
rieuses machinations dans lesquelles j'avais déjà couru tant de dangers.
Cela me tourmentait de vous voir loin de moi, et je n'osais seul risquer
ou tenter de nouveau l'ingratitude humaine. Sur ces entrefaites, le vieil-
lard, dont je vous ai déjà parlé, Antoine Xanthus, revint me trouver, et
actuellement il est encore chez moi. Ses conseils me donnèrent plus de
hardiesse. Il m'excita vivement à voyager, à explorer des terres inconnues,
à me mêler à de nouveaux peuples, à ouvrir toute grande ma voile au vent
de la fortune; je l'écoutai si bien qu'il fut obligé lui-même de modérer
mon impatiente ardeur. Nous formâmes le projet d'aller en Espagne, puis
de là en Italie, ce pays où nous avions au moins quelque chance de vous
rencontrer.

Quant à *Xanthus* (1), il m'accompagnait. Vers le sept décembre, escorté de
mon vieil ami et d'Etienne, nous quittâmes l'abbaye pour nous diriger
vers Barcinone, où nous espérions trouver quelqu'un qui nous dirait enfin
ce que vous étiez devenu. Nous nous y arrêtons trois jours; nous y
demandons en vain de vos nouvelles; puis nous partons pour Valence, où
Comparatus Saracenus, philosophe et astrologue des plus habiles, ancien
élève de Zacut, ne peut absolument nous renseigner sur ce qui vous intéresse. Après avoir vendu nos chevaux, nous prenons la mer, longeons les
Baléares, dépassons la Sardaigne et voguons vers Naples. Mais tant de
déceptions nous y attendaient, tant de nos illusions furent déçues, la fortune enfin nous fut si contraire que nous nous décidons à revenir en
France. Nous nous rembarquons donc et nous voilà sur l'Adriatique, puis
dans la Méditerranée et nous arrivons à Lyon, ville libre où nous sommes parvenus en très bon état.

Voilà le récit des diverses aventures qui ont agité ma vie depuis que
nous nous sommes séparés, depuis que vous m'avez quitté à la Vallée-
Ronde. Je me suis efforcé d'être bref. Je vous en raconterai les détails
de vive voix quand nous nous verrons à Lyon ou que vous viendrez vous-

(1) C'est le surnom d'un ami inconnu d'Agrippa qui avait pris ce surnom de
Xanthus (le *Xanthus* de Lydie était un historien grec du ve siècle av. J.-C.).

même à Avignon. J'ai d'ailleurs à vous communiquer un secret que j'ai mille peines à garder. Adieu.

II

A l'honorable père Jean Tritheim, abbé de Saint-Jacques, dans le faubourg de Würzbourg, Henry Cornélis Agrippa souhaite bonheur et salut.

En 1510.

Quand je passai dernièrement quelque temps auprès de vous dans votre cloître à Würzbourg, honorable père, et que nous eûmes long-temps parlé de chimie, de magie, de cabale, et d'autres sciences et arts occultes, il s'éleva, entre autres, l'importante question de savoir pourquoi la magie, qui avait d'abord, selon le jugement unanime de tous les anciens philosophes, pris le premier rang et qui était tenue dans la plus haute considération par les sages et les prêtres de l'antiquité, devint plus tard, pour les saints pères et, depuis l'existence de l'Eglise catholique, aussi détestée que soupçonnée, repoussée par les théologiens, condamnée par les Saints Conciles et fut enfin partout bannie par des lois spéciales. Après mûre réflexion, je crois en avoir trouvé la raison en ce que, à mesure que les temps et les hommes devinrent plus mauvais, il se glissa beau-coup de pseudo-philosophes et de prétendus magiciens qui empruntèrent à de fausses sectes et partis religieux des cérémonies des plus sombres, superstitieuses et répréhensibles, et firent même de la religion orthodoxe un usage désastreux contre l'ordre naturel et pour la perte des hommes. Ce sont eux aussi qui ont publié ces malheureux livres que l'on rencontre çà et là, et auxquels ils ont donné le nom, si honoré autrement, de *Magie*. Comme ils essayaient, par ce titre si honorable, de mettre leurs jongleries maudites en circulation, ils firent tant que le nom de Magie, autrefois tenu en si haute estime, est maintenant honni par tous les bons et hon-nêtes gens et que c'est à présent un grand péché d'oser, soit en paroles, soit en écrit, se donner pour magicien, à moins d'être une vieille femme de la campagne, ayant la réputation d'être versée dans ces sortes de choses et qui veut faire croire au vulgaire (comme dit Apulée) qu'elle peut attirer le ciel, suspendre la terre, tarir les sources, faire disparaître les montagnes, faire revenir les morts, affaiblir les dieux, éteindre les étoiles et même éclairer le Tartare ; ou, comme chante Virgile : « Elle promet, par des chants magiques, de délivrer les cœurs qu'elle veut, d'en charger d'au-tres des chaînes de l'amour, d'arrêter les fleuves dans leur cours, de dé-tourner les étoiles. » Elle conjure aussi les mânes de la nuit. On voit la terre mugir sous ses pieds et des ombres se promener sur les montagnes.

Des choses telles qu'en racontent, par exemple, Lucain de cette enchan-teresse thessalienne, Homère, de la toute-puissance de Circé, ne sont en majeure partie que mensonges, superstitions, inventions pernicieuses, qui, quoiqu'elles ne puissent être comprises dans ce qui appartient à un art permis, prennent cependant comme enseigne le titre honorable de *magie*. En voyant de pareils faits, je me trouve à la fois étonné et mécontent que personne n'ait encore entrepris de protéger une science si élevée et si sainte contre ces coupables profanations, ou au moins ne l'ait exposée dans toute sa pureté ; car tous les moins anciens, autant que je sache, tels que Roger Bacon (1) et Robert, Pierre d'Abano, Albert le Grand (2), Arnold de Villanova, Anselme de Parme, l'Espagnol Picatius, le Florentin Sicchus, Asculus et bien d'autres auteurs, mais moins connus, qui promettent, il est vrai, d'enseigner la magie, ne nous offrent cependant que quelques chimères sans base raisonnable ou bien des superstitions indignes de tous les honnêtes gens. Cela me fit penser à moi, qui, dès ma première jeunesse, avais recherché avec attention et sans crainte tout ce qui existe de merveilleux et de secret, que ce ne serait pas une entreprise sans mérite si je rétablissais, et si j'entreprenais de la protéger contre ses détracteurs, la vraie magie, cette première science de tous les sages, après l'avoir, au préalable, épurée de ces falsifications malhonnêtes, et en avoir soigneusement développé les principes.

Quoique cette pensée me tourmentât depuis longtemps, je n'osais pas encore jusqu'ici la mettre à exécution. Cependant, depuis notre entretien à Würzbourg sur de semblables sujets, votre parfaite expérience et votre savoir ainsi que votre pressant encouragement m'ont communiqué une force nouvelle. Je viens donc de composer, d'après les philosophes les plus éprouvés, tout en élaguant ce qui, sous le nom de traditions magiques, était faux et magique, III livres sur la magie, sous un volume aussi succinct que possible et je leur ai donné le nom moins offensif de *Philosophie occulte*. Comme Votre Honneur a les connaissances les plus étendues dans ces sortes de choses, je dépose ce travail en vos mains pour que vous en preniez connaissance et le jugiez, afin que si, en quelque endroit, j'ai péché contre la nature, contre Dieu ou contre la religion, vous condamniez l'erreur ; que, d'un autre côté, cependant, vous vouliez bien aussi protéger la vérité, si la méchanceté, avec laquelle on défigure cette science, vous semble condamnable. Je vous prie surtout de vouloir bien en agir avec ce travail comme avec la magie elle-même, de manière que rien de ce qui pourrait être utile ne demeure caché, et que rien de ce qui pourrait nuire ne trouve approbation, afin qu'après avoir été approuvé par vous il soit digne un jour de paraître en public et qu'il n'ait rien à craindre du jugement de la postérité.

Soyez heureux, et veuillez prêter à notre entreprise toute votre indulgence.

---

(1) Célèbre moine anglais (1214-1292) qui avait des connaissances profondes en mathématiques, en physique et en chimie, non moins qu'en grec, latin, hébreu, en droit, etc. Surnommé le *Docteur admirable*. Il avait étudié à Oxford et à Paris.

(2) Savant dominicain et philosophe scolastique, né en Souabe (1193-1280). Il était si versé dans les études d'histoire naturelle qu'il passa pour magicien. Avec son disciple saint Thomas, il passa 3 ans à Paris et connaissait toutes les sciences de son temps et tous les livres des philosophes latins et arabes.

III

Jean Tritheim (1), abbé de Saint-Jacques, à Wurzbourg, offre ses compliments amicaux à Henry Cornélis Agrippa de Nettesheim.

8 avril 1510.

Aucune langue mortelle ne pourrait jamais exprimer ni aucune plume écrire avec quel plaisir, très honoré Agrippa, j'ai reçu votre travail sur la philosophie occulte, que vous m'avez envoyé par porteur, pour correction.

Je considère votre savoir avec l'admiration la plus vive, car, vous plongeant tout jeune encore dans des secrets si profonds, inconnus à beaucoup d'hommes les plus savants, vous avez sû les représenter non seulement d'une manière excellente et vraie, mais encore dans un style brillant. Recevez donc mes remerciements et, avant tout, pour votre confiance en moi, et je chercherai encore à vous les offrir plus publiquement. Votre travail, que le plus grand des érudits ne saurait assez louer, reçoit mon approbation; je vous en avise et vous prie instamment de continuer à poursuivre dans cette voie; ne laissez pas sommeiller une si remarquable puissance intellectuelle, mais, au contraire, exercez-la sans cesse dans sa plénitude et faites-en profiter ceux qui ignorent cette lumière de la sagesse, dont vous êtes éclairé à un si haut degré, par la volonté de Dieu.

Ne vous laissez pas détourner de votre entreprise par ce que des gens sans valeur peuvent avoir à dire, et auxquels on peut appliquer le proverbe qui dit : « *Le bœuf indolent demeure plus obstinément immobile.* » Au jugement des philosophes, personne ne peut être vraiment savant, qui renonce aux éléments d'une seule science. Dieu vous a donné des dons intellectuels étendus; vous n'imiterez pas le bœuf, mais plutôt l'oiseau; vous ne croirez pas devoir vous arrêter aux détails, mais efforcez-vous plutôt d'embrasser courageusement les principes généraux. En effet, chacun est considéré d'autant plus instruit que plus de choses lui sont familières. Quoique votre esprit soit apte à tout recevoir, vous ne devez pas vous occuper de peu, ni du plus bas, mais de beaucoup et des idées les plus élevées. Je vous donnerai encore un conseil : laissez au commun les choses communes, et ne partagez qu'avec les hommes de marque et des amis éprouvés les choses supérieures et les secrets : « *Du foin au bœuf, au perroquet seulement, du sucre!* » Sondez les âmes, afin qu'il ne vous arrive pas, comme il arrive à tant d'autres, de vous trouver sous les pieds du bœuf. Vivez heureux, mon ami, et, s'il est en mon pouvoir de vous rendre service, ordonnez et j'agirai sans retard. Mais, afin que notre amitié s'accroisse de jour en jour, écrivez-moi souvent; envoyez-moi également

(1) *Trithème* ou *Tritheim*, chroniqueur et fécond théologien, né à Trittenheim, près de Trèves, habita Spannheim, puis Vurzbourg (1462-1516).

quelque chose de vos savants travaux, je vous en prie instamment.
Encore une fois, vivez heureux ! — Dans notre cloître, à Würzbourg, le
8 avril 1510.

IV

Un ami à Agrippa.

Mars 1517.

Mon bien cher Agrippa, déjà le mois s'écoule ; que dis-je, il s'est écoulé
ce mois pendant lequel je voulais vous aller retrouver où vous êtes.
C'était une affaire importante, bien qu'elle ne me regardât pas personnellement, qui me poussait à ce voyage, auquel, du reste, je me suis plus
sieurs fois décidé et préparé. Mais j'ai toujours eu de nouveaux obstacles
à mon départ : tantôt ce furent d'autres incessants embarras qui m'ont
retenu de jour en jour, et, aujourd'hui que je voudrais surtout faire ce
voyage, je ne le puis encore. En conséquence, comme l'affaire est pressante et que je suis sûr que vous ferez tout pour moi, je ne crains pas,
au nom de l'amitié, de vous demander un service. Je ne voudrais cependant pas qu'il vous fût trop pénible de me le rendre et encore moins
qu'il vienne à vous causer quelque dommage. Pourriez-vous venir ici?
Un jour suffira pour retirer de précieux avantages de votre visite soit pour
vous, soit pour tous ceux auxquels vous vous êtes dévoué naguère. En
venant à Turin, vous apprendrez ce dont je veux vous entretenir et vous
pourrez aussi être utile à votre ami Jean. Vous ne pourriez donc, en cette
circonstance, me faire un plus grand plaisir que d'affronter la fatigue du
voyage que je vous demande de faire un peu à mon intention, et sachez
que Jean est disposé à vous rendre la pareille.
Adieu, venez donc si cela vous est possible.

Turin, la veille des calendes de mars 1517.

V

Un ami à Agrippa.

Mars 1517.

Seigneur Agrippa, très cher ami, je vous envoie la lettre de notre Seigneur Jérôme pour le Révérend Père de Riverie. Vous la remettrez à celui
auquel elle est destinée, et, par votre conversation, si vous ne l'avez déjà
fait, vous le mettrez complètement au courant de notre affaire et, si faire
se peut, vous me tiendrez par des courriers au courant de tout.

En attendant, portez-vous bien, ainsi que votre femme et votre petit garçon (1).

Turin, le 3 des ides de mars 1517.

VI

Un ami à Agrippa.

Mars 1517.

Seigneur Agrippa, mon bien cher ami, après avoir discuté, mûrement pesé le pour et le contre dans cette affaire, que je désirais si ardemment vous voir traiter auprès du Révérend de *Saint-Antoine de Riverie* (2), j'ai compris le bien fondé de ce que vous me disiez dans votre dernière lettre, à savoir qu'il n'a aucun pouvoir dans l'église Saint-Antoine de Turin. Il m'eût été pourtant non seulement agréable, mais d'une grande utilité si, par l'entremise de ce Révérend Seigneur et sa recommandation auprès du grand abbé qui peut, dit-on, imposer sa volonté au Chef de cette église, j'eusse pu obtenir la réalisation de mon vœu tel que je vous l'ai exprimé. Puisque nous avons, je le vois, travaillé inutilement, je vous délivre de tout soin à cet égard. Je n'insiste pas pour que le Révérend Seigneur intercède pour moi. Il n'en est pas moins vrai que je lui dois beaucoup de reconnaissance, une reconnaissance si grande que je ne pourrai jamais m'acquitter à son égard, tellement il m'a témoigné de bienveillance. En mon nom, vous le remercierez aussi chaleureusement que vous le pourrez. Quant à vous, je vous dois et veux avoir envers vous une gratitude telle que je ne reculerai devant aucun sacrifice pour vous en fournir la preuve, en même temps que j'estime que vous êtes pour moi le plus honoré et le plus dévoué des frères. Adieu.

Turin, aux ides de mars 1517.

VII

Un ami à Agrippa.

Mai 1517.

Hier, cher Agrippa, muni de bottes et d'éperons, je me préparais à me

---

(1) *Théodoric Cornélis,* fils d'Agrippa et de sa première femme, qui était de Pavie. Ce premier mariage eut lieu en 1514.

(2) *Jean Laurencin,* commandeur de Saint-Antoine de Riverie, en Piémont, qui était frère de *Ponce Laurencin,* commandeur de Saint-Jean de Metz.

rendre auprès de vous. Je l'eusse fait si les prières de Monseigneur (1), prières qui sont pour moi des ordres, et les instances du chambellan de sa maison ne m eussent décidé à rester. Aujourd'hui encore, les circonstances ont été telles qu'il m'a été impossible d'obtenir l'autorisation de partir. Ils m'ont promis cependant de ne point s'opposer pour demain à mes désirs. J'arriverai donc à *Chambéry*, où il nous sera permis de vous communiquer de vive voix ce qu'il nous reste à dire. Mon départ d'ici me sera d'autant plus agréable que j'y manque de votre charmante société.

Portez-vous bien, ainsi que votre chère femme (2).

Du camp de Rochelle, près la rivière de l'Isère, le trois avant les nones de mai 1517.

VIII

Un ami à Agrippa.

Entre les années 1517 à 1519, de Genève.

Il y a quatre jours j'ai reçu de vous deux lettres à la fois, excellent Cornélis, et, bien que le sujet en soit différent, elles sont remarquables également toutes deux par leur élégance et l'éclat du style. Comme elles me parlaient de l'impiété de ce personnage et de son opiniâtre ingratitude, je n'ai pu, par Hercule, ne pas être violemment affligé, m'indigner contre ces coups cruels de la Fortune qui n'hésite pas à sévir durement contre un homme d'une si grande vertu. Un homme magnanime comme vous ne doit pas céder, cher Henri. Il ne faut point baisser pavillon devant cette maîtresse infidèle : sans contredit, les traits dont elle vous accable répandront sur votre rare mérite un éclat aussi merveilleux que durable. C'est un sort qui nous est commun à tous, par Pollux ! l'un est en butte aux outrages, aux affronts, l'autre est exposé à la mort, celui-là à se prémunir contre l'affreux aiguillon de l'ingratitude. Il arrive même trop souvent, hélas ! que les justes, les innocents, sont plus sujets que les autres aux injures variées de la foule des hommes impies. Ne devons-nous pas supporter tout cela avec résignation ? Devons-nous céder un pouce devant les injustices, l'ingratitude, devant les menaces et les hostilités de la For- tune ? Est-ce à vous surtout de le faire, à vous, homme fort et modeste entre tous qui n'êtes déjà que trop familiarisé avec les vicissitudes de la destinée. Oui, je m'en doute, vous avez dû déjà en souffrir de plus cruelles; vous avez dû supporter les assauts violents et aveugles d'une Fortune plus cruelle encore et plus inique. Votre âme a dû s'y endurcir, s'entourer d'une cuirasse qui ne saurait céder à ses coups. Vous devez donc mépriser l'adversité. Vous devez donc en accepter plus patiemment les attein-

(1) Le Duc de Savoie.
(2) Il s'agit de la première femme d'Agrippa, qui était lombarde, et mourut fort jeune à Metz en 1521.

tes qui sont relativement légères, à moins que vous ne sachiez vous maîtriser. Voudriez-vous lutter follement contre l'Inévitable (puisque vous
déplorez si vivement vos tribulations), contre cet inévitable que *Plotin* (1)
a défini *le pouvoir inéluctable des lois divines* ? N'est-ce point par la
volonté de Dieu que chaque jour nous vivons en de semblables angoisses ?
Comme le dit encore cet auteur, *la divinité agit toujours dans les évène-
ments, comme le veut sa nature.* Or, sa nature étant divine, elle agit seulement d'après cette essence divine. Ces vicissitudes, ces agitations qui
bouleversent l'océan de la vie, ces alternatives d'heur et de malheur qui
nous arrivent, tout cela ne vient que selon la permission de la Justice
Suprême. Pour ces motifs, nous devons regarder comme privé du bon sens
le plus vulgaire celui qui voudrait lutter contre cette nécessité divine, se
soustraire criminellement à ce joug qui, plus tard, nous sera compté pour
notre bonheur éternel, dans la patrie céleste. Que dis-je, insensé que je
suis ? Où me laissais-je emporter ? Il me semble que je veux apporter des
corneilles à Athènes (2).

Pour en revenir à mon sujet, vous n'avez pas agi avec assez de réflexion ;
c'est du moins mon avis, quand vous avez refusé le salaire que vous offrait
le plus ingrat des hommes, surtout en ce moment que vos affaires sont si
embarrassées. Elle me paraît absurde, par ma foi, cette détermination de
se venger qui ne profite qu'au coupable et cause un dommage à l'homme
dévoué qui a rendu de bons offices. Vous agirez donc plus sagement si,
oubliant votre indignation, vous acceptez cet argent, tout modeste soit-il,
pourvu toutefois que notre ingrat personnage veuille encore vous l'offrir.
Cet argent vous est d'abord nécessaire dans les circonstances fâcheuses où
vous vous trouvez maintenant ; en second lieu, il sera beau et louable,
auprès du monde, de ne pas paraître aveuglé outre mesure par l'amour
de l'argent. On vous regardera comme modéré dans vos désirs et, par cette
vertu de bon aloi qui vous est naturelle, vous gagnerez une bonne renommée. Quant à la promesse que vous me faites de venir bientôt ici, j'en
ai vraiment éprouvé une joie si grande que j'ai cru un moment qu'on
m'avait enlevé dix ans de ma vie, déjà si avancée, de dessus les épaules.
Rien, par Hercule, de si heureux, de si honorable, de si agréable ne pouvait m'arriver durant tout le cours de mon existence que de me mettre
en relation directe, de me soumettre aux critiques, aux observations d'un
excellent homme et, en même temps, d'une science si consommée. S'il est
donc certain que vous viendrez ici, ô désiré Cornélis, s'il vous plaît de
connaître le site de cette ville, les mœurs de ce peuple dont vous avez déjà
assurément des notions, si vous pensez que le séjour dans notre pays
pourra vous être à honneur et profit, persistez, je vous en prie, dans cette
résolution.

En conséquence, pour que je puisse pourvoir à tout et principale-
ment aux arrangements domestiques nécessités par votre arrivée,
écrivez-moi le plus tôt possible le jour et l'heure fixés, quand toutefois

(1) Philosophe néoplatonicien (205-270). Ses *Ennéades* furent traduites en latin
par *Marsile Ficin*, avant la publication du texte, Florence, 1492.
(2) *Ou de l'eau à la rivière*, proverbe tiré de Cicéron.

vous serez bien décidé. Puisque vous désirez aussi savoir par quelle route,
par quels moyens, avec quelle aide, vous pourrez le faire, je vous le dirai
en dernier lieu, puisque vous m'en manifestez le désir, autant que, dans la
circonstance présente, il me sera possible de le faire. Je devine, en outre,
combien le peu d'espoir que vous avez dans l'utilité de votre voyage auprès
de nous, vous le placez entièrement en notre ami dévoué *Eustache Chapuys* (1). Mais vous ignorez sans doute, cher Henri, à quel point cet homme
si sûr, le meilleur de vos amis, voit avec peine que vous ne lui ayez absolument rien écrit. Aussi, écrivez-lui donc, écrivez-lui le plus tôt possible.
Répondez à un ami si digne et si cher, qui vous est dévoué entre tous et
qui vous aime tant. Adieu, Maître vertueux, ma lumière unique. Pardonnez à une lettre un peu verbeuse, et à d'aussi grandes inepties que celles
que je vous débite.

Genève, 16 novembre.

IX

Un ami à Agrippa.

De Genève, 16 janvier (même époque).

Je pensais vraiment, très illustre Cornélis, que vos lettres m'apporte-
raient une joie d'autant plus grande qu'elles sont arrivées plus tard. Je
pensais qu'après longue et mûre réflexion vous ne changeriez pas d'avis
et que vous nous annonceriez enfin votre arrivée. Cet espoir m'était tellement doux, tellement agréable qu'à la Fortune elle-même, cet être si
inconstant cependant, je cédais la largeur d'un ongle, puisqu'elle m'accor-
dait la réalisation de mon vœu le plus ardent : vous voir ici, jouir de votre
présence, pouvoir vous être de quelque utilité. Malheureux que je suis !
Destin cruel, implacable ! Pourquoi suscite-t-il dans les choses humaines
tant de vicissitudes, tant de changements quotidiens dans les cœurs ?
Qu'elle a été courte, grand Dieu, cette joie trop profonde ! Comme elle
s'est vite changée en douleur, en angoisse ? C'est votre lettre qui est venue
ajouter à l'anxiété de mon attente cet immense désappointement. Vous
n'avez donc pas tenu compte du désir ardent que nous avions de vous
voir, aucun compte de tout ce qu'on vous a dit de vive voix ou de ce que
vous nous aviez dit dans deux lettres différentes. Quant à moi, je ne puis
me reprocher d'avoir trahi la foi jurée ; toujours comme par le passé, je
vous offre tout ce que je possède, je vous le donne ; je vous en fais l'aban-
don. Les habitants de Metz (2), plus habiles chasseurs que nous, vous possèdent à présent, très cher Henri. Déjà vous avez l'espoir certain de revoir

(1) Chapuys, d'Annecy, était alors Official de Genève, sous l'évêque Jean-Louis
de Savoie.

(2) Agrippa avait été nommé syndic et orateur de la ville de Metz, qu'il quitta
bientôt, le 2ö janvier 1520.

bientôt vos pénates chéries. Puissent les Dieux faire prospérer plus honorablement et vous et vos affaires ; puissent-ils accorder à vos vertus les
honneurs qui leur sont dus ! Pour ma part, puissent-ils faire que je sup-
porte avec modération ce malheur accablant, puisque, dans le cours de
mon existence tout entière, rien, à mon avis, n'eût pu me paraître à coup
sûr plus pénible que cette dureté de votre cœur. Malgré tout, quoi qu'il
advienne, votre souvenir restera toujours en mon cœur ; je me rappellerai
toujours votre bienveillance, votre pieuse et sincère amitié. En quelque
lieu du monde que vous viviez, je serai toujours, je vous le promets, malgré mon peu d'habileté, le héraut de votre gloire, de votre renommée. Je
vous supplie donc de répondre à mon affection d'après les inspirations de
votre bonté naturelle. Du reste, je vous demande, avec audace peut-être,
mais avec une insistance des plus grandes, qu'en considération de mon
incroyable fidélité à votre égard, de mon amitié durable, vous me fassiez
présent du volume qui contient le Discours fait par vous à la louange de
votre Duchesse. En cela, vous ferez œuvre pie, et je vous en conserverai
une gratitude qui ne s'éteindra jamais. Adieu, vertueux Agrippa.

X

Agrippa à un ami.

Mai 1519.

La question du péché originel et de la première transgression des hommes a été jugée de bien des manières par les plus savants, les plus émi-
nents interprètes des Livres Saints, tant anciens que modernes. Bien que
j'aie médité longtemps et souvent sur ces opinions, ces docteurs m'ont
paru n'avoir écrit à ce sujet que des choses obscures et douteuses. Laissant de côté leurs avis, sans toutefois les dédaigner, je me suis formé une
méthode toute nouvelle qui m'est personnelle, discutable sans doute,
mais peut-être vraie : je la ferai connaître. Je ne sais si quelqu'un l'a for-
mulée avant moi. Si cela était, je ne lui cause aucun tort en disant qu'elle
procède de moi, puisque je l'ai arrachée aux ténèbres de l'indifférence
avec le seul secours de mon travail, de ma raison et par l'examen attentif
des Ecritures. J'ai donc publié une dissertation courte et sommaire sur
cette manière de voir ; je vous la dédie, honorable et estimable Père, afin
qu'appuyée par l'autorité de votre nom contre la tourbe d'opposants
qu'elle va faire surgir elle puisse résister avec honneur. Je sais, en effet,
de quel déluge de syllogismes elle va être accablée de la part de certains
Théosophistes ; je veux parler de ces gens qui font fi de toute explication
simple, chez qui ne sont en vigueur que la recherche et l'affectation. Je ne
pourrai faire crouler leur mur de pierres sèches, me frayer un passage à
travers leurs syllogismes qu'avec votre secours, le seul efficace contre cette
sorte de grenouilles égyptiennes du dieu Typhon.

XI

Jacques Lefebvre d'Etaples (1) à Henri Cornélis Agrippa, salut.

Paris, 20 mai 1519.

Très honorable maître et docteur, le Révérend Père Claude Dieudonné (2) m'a remis votre lettre. Je l'ai lue avec le plus grand plaisir.
Quel est l'homme, en effet, qui ne lirait pas avec délices ce qui part de
la sincérité d'âme et d'une bienveillance dont il ne peut douter ? Je vous
en supplie, ne vous alarmez pas de ce que plusieurs personnes se sont
déclarées les adversaires de mes écrits tant au sujet d'Anne que de Madeleine. J'espère qu'un jour se fera la vérité sur ces matières. Du reste, je
ne fais que discuter et n'avance rien de hasardé en conclusions. Je vous
en supplie donc, qu'à ce sujet personne ne perde votre bienveillance. La
fausseté se découvrira et succombera d'elle-même, bien que personne ne
l'attaque. Je vous envoie la défense de mon argumentation, défense éla-
borée par un docteur en Théologie de notre Sorbonne. Elle n'est pas sans
mérite. Je vous envoie encore l'apologie de Sainte Anne qu'on m'a envoyée
d'Allemagne *ex dono auctoris*. J'en ai lu une autre du Vice-Général des
frères de Saint-François, mais il la conserve chez lui. Il donne un seul
mari à Anne, mais trois filles. Après l'avoir examinée, j'ai jugé qu'elle ne
concorde pas avec notre manière de voir, qu'elle ne vise pas notre dissertation; cependant, si vous tenez beaucoup à la connaître, j'espère pouvoir l'obtenir. A votre première lettre, édifiez-moi là-dessus. J'ai préparé
mon second travail sur Madeleine. Attendez-le par le plus prochain courrier allant de votre côté.

Adieu.

XII.

Henri Cornélis Agrippa à Jacques Lefebvre d'Etaples.

De Metz, juin 1519.

Attendu que jusqu'ici, illustre Lefebvre, nous avons été toujours séparés par une telle distance qu'aucune communication intime, aussi dési-

(1) *Faber Stapulensis* (1455-1536). Sa dissertation, publiée en 1517, pour prouver, contrairement à l'opinion des docteurs de l'époque, que Marie-Madeleine,
Marie, sœur de Lazare et la Madeleine pécheresse étaient 3 personnes distinctes,
dissertation condamnée par la Sorbonne, fut défendue énergiquement par Agrippa.
Le Père Dieudonné leur servit de messager, comme cette lettre et d'autres en
donnent le témoignage. Il en est de même pour la question de sainte Anne.

(2) *Dieudonné* était religieux célestin à Paris en 1519, puis à Metz, où il se ren-
contra avec Agrippa dans une conférence théologique au couvent des Célestins
de cette ville, et eut d'amicales relations avec lui. Il en fut réprimandé par les
supérieurs de son ordre et envoyé au couvent d'Annecy.

rée qu'elle fût, n'était possible entre nous, que bien des difficultés s'y
opposaient aussi, outre l'éloignement, j'ai retenu la plume jusqu'au moment où je devais devenir votre voisin, bien que, plusieurs fois, l'occasion et la facilité de vous écrire se soient présentées à moi. Enfin, une
occasion nouvelle se présentant, ayant pu m'assurer de la largeur de vos
vues et me confiant à votre caractère des plus honorables, j'ai écrit récemment à votre Humanité, par l'entremise du Père célestin Claude Dieudonné, une lettre que vous devez avoir probablement reçue.

Ce Bon Père a dû vous présenter aussi certaines propositions sur l'u-
nique mariage de sainte Anne, sur son unique et simple accouchement.
J'ai rédigé ces propositions d'après ce que vous avez écrit dans votre
opuscule à la fois savant et élégant par son style, opuscule intitulé : *Des
trois et de la seule Madeleine* (1). Je me suis borné, selon mon habitude, à
les extraire de votre long et remarquable travail, à les condenser le plus
possible, mais non pas pour m'acquérir de la gloire aux dépens de votre
mérite, veuillez m'en croire. Il en est peut-être qui agiraient ainsi pour
passer comme savants auprès de ceux qui ne connaissent pas votre nom.
J'ai toujours évité ce procédé comme un véritable sacrilège. Aussi, après
avoir énoncé ces propositions, après les avoir achevées, j'ai fait mention
deux fois pour chacune d'elles de votre nom d'auteur, et j'ai naturellement cité votre ouvrage. Voici le motif qui m'a poussé à écrire ces Propositions : c'était, croyez-le bien, de profiter de l'occasion pour m'opposer
à vos calomniateurs.

Assurément, tels qu'ils sont, ce sont des hommes ennemis de tous les
gens instruits. Parmi eux, il y en a surtout trois ici à Metz qui vous sont
tout à fait hostiles : le premier est un certain frère *Dominique Dauphin*, de
la Congrégation des Frères Franciscains de l'Observance ; l'autre, le frère
Nicolas Orici, de la Congrégation des Frères Mineurs ; le troisième enfin, le
frère *Nicolas Salini*, Prieur de la Confrérie des Prédicateurs. C'est un docteur de la Faculté de Théologie de Paris. Or, ce fameux Docteur, à ce
que j'apprends, bien qu'ayant caché d'abord son identité, a secoué après
de longs jours la contrainte que lui imposait la modestie et s'est décidé à
écrire contre nos Propositions. Il a fait plus, bien plus encore : il a écrit
contre votre livre une tragédie inepte, mais digne de lui, dont les conclusions, — ce sont les *confusions* que je devrais dire, — m'ont été présentées, il y a trois jours à peine, avec accompagnement d'éloges pompeux
pour cette élucubration, mais avant la victoire assurément. Je vous en
adresse une copie en même temps que mes Propositions : vous y verrez
que je suis le fidèle défenseur de votre honneur et aussi combien sont risi-
bles leurs plates sottises, en quel estime vous devez les tenir ; vous y ap-
précierez enfin ce que sont les apôtres de cette cité, ceux qui y prêchent
l'Evangile. Ce n'est point pour que vous leur répondiez ; je ne voudrais pas
que vous prissiez la peine de prendre la plume contre le dernier surtout ;
il serait capable d'aller s'imaginer qu'il est digne d'entrer en lice contre
vous, du moment que vous l'acceptez comme adversaire.

Quant à moi, à qui la médiocrité seule suffit, et encore ces choses-là

_____

(1) Voir note précédente 1, p. 66.

sont-elles médiocres, je n'en sais trop rien, je vous conseille de laisser le combat, de le refuser. J'ai la confiance que je suis moi-même de force à combattre sans défaillance avec grand succès et à défendre votre renom, votre bonheur, votre honneur et votre gloire contre cette espèce, cette engeance de Cerbères aboyeurs. Du reste, si vous avez auprès de vous à Paris cet ami dévoué qui se nomme le Père *Claude* (1), que j'ai nommé plus haut, dites-lui en mon nom une foule de choses agréables et communiquez-lui ces écrits. Je sais en effet qu'il vous aime et vous vénère au-delà de toute expression.

Adieu, homme heureux, le plus bel ornement de la société des gens réellement instruits.

De Metz, le 16 avant les calendes de juin 1519.

XIII

Jacques Lefebvre d'Etaples à Henri Cornélis Agrippa, salut.

Paris, 20 juin 1519.

Très-honoré Seigneur, j'ai reçu votre lettre par l'entremise du vénérable Père *Claude Dieudonné*. Je lui ai donné moi-même une lettre et quelques écrits qu'il aura soin de vous faire tenir ou de vous remettre, ayant promis de s'acquitter ponctuellement de cette mission. Il est resté très peu de temps à Paris, de sorte que je n'ai pas, contrairement à notre désir réciproque, pu l'entretenir souvent ni facilement. Les intérêts de la Religion et de son Ordre prenaient presque tout son temps. Ce qui n'empêche pas que, par votre première lettre, j'aie parfaitement ressenti quelle bienveillance vous animait à mon égard, bien que n'ayant jamais rien fait pour la mériter ; veuillez vous convaincre que mes sentiments à votre égard sont aussi chaleureux et aussi sincères. Dans votre seconde lettre, qu'un habitant de Metz m'a remise, vous m'exprimez avec non moins de sincérité votre attachement. J'ai reçu par la même occasion et vos Propositions pour la défense de sainte Anne et les ineptes conclusions adverses d'un anonyme. Le R. Père *Claude* m'avait déjà communiqué vos Propositions. J'eusse aimé que la question de sainte Anne fût agitée par les savants avec moins d'acrimonie. Si cela ne peut se faire par suite de la méchanceté des temps actuels, de l'acharnement coupable des écrivains, si vous êtes décidé absolument à lutter, faites qu'en aucune façon l'intérêt que vous portez à mon honneur ne vous y engage. Que ce soit seulement le désir de défendre la vérité et votre dévotion envers Marie, mère de Dieu, qui soit votre mobile. Du reste, vous ne pouvez retirer aucune gloire de la lutte que vous engagerez avec ces barbares, dont le but unique est de déshonorer les autres. Non, je ne vois pas que leurs plates et

(1) Claude Dieudonné.

ridicules élucubrations, leurs ineptes raisonnements soient dignes d'être réfutés. Tout cet échafaudage tombera de lui-même ; la vérité sera enfin reconnue et plus solennellement, à mon avis, si on ne lutte pas contre eux que si on lutte. Quoi qu'il en soit, agissez dans cette affaire de telle sorte que Dieu, et même le prochain (si faire se peut pour celui-ci) ne soient pas offensés. J'avoue du reste que votre cause est la plus juste, la plus vraie surtout si l'affaire est soumise à la décision d'hommes honnêtes et savants, ce qu'ils ne veulent pas, plutôt qu'à celle du vulgaire naturellement ignorant et qui, depuis longtemps déjà, a été endoctriné par vos adversaires.

Si vous persistez à publier vos Propositions malgré tout, faites-le avec modération et en style aussi élégant que possible, aujourd'hui ce qui ne porte pas cette marque est toujours sûr de ne pas réussir. Adieu en Christ Notre Seigneur et Roi du Ciel.

Paris, le surlendemain de la Fête de la Sainte Trinité.

XIV

Henri Cornélis Agrippa à Jacques Lefebvre d'Étaples, salut.

De Metz, 1519.

J'ai reçu la lettre charmante et agréable que vous m'avez écrite le 20 juin, excellent Lefebvre Depuis cette époque je n'en ai reçu aucune autre émanant de vous, et je ne vous ai rien répondu. Ce que j'en dis, c'est pour que ni vous ni moi nous ne nous regardions comme frauduleusement privés de correspondances mutuelles. Il faut aussi que vous sachiez que si, par hasard, vous m'avez écrit je n'ai rien reçu, et qu'il ne faut m'accuser ni de négligence ni d'ingratitude. Voilà pourquoi, devant vous répondre depuis si longtemps, je ne l'ai pas fait. Je n'ai pas trouvé de personne sûre pour vous envoyer ma lettre ; en second lieu, j'ai été souvent absent pour les affaires publiques de notre Cité. Ce qui cependant ne nous a pas empêché de compléter, d'achever la Défense de nos Propositions et d'écrire dans ce but un livre plus volumineux que nous ne pensions. Nous en avons déjà communiqué une copie à notre adversaire, ce théologastre anonyme, qui a rougi de signer ses écrits, mais que nous avions soupçonné non sans raison, et qui maintenant est complètement dévoilé. — C'est le frère *Claude Salini*, le petit docteur de Paris, Prieur de la Congrégation des Prédicateurs de Metz. Je me proposais, je vous le dois bien, de vous en envoyer un exemplaire, mais je n'ai pas eu de copiste sous la main ; du reste, j'étais pressé par mon départ prochain pour l'Allemagne. Je vous l'enverrai une autre fois, soit écrit à la main, soit imprimé. J'espère qu'il ne vous déplaira pas tout à fait, et cela d'autant moins qu'il déplaira d'autant plus à ces misérables sophistes. Ces gens-là, ne pouvant

rien contre nous s'ils attaquent ouvertement, ont alors recours à des
tranchées pour nous surprendre, pour nous harceler de leurs traits, étant
eux-mêmes à couvert. Ensuite, auprès du vulgaire ignorant et crédule,
ils nous accusent d'erreur, nous taxent même d'hérésie et nous attribuent
des opinions pleines d'insanité. Laissons tout cela ; envoyez-moi, je vous
prie, c'est mon désir, mes commentaires contre Richard sur Saint-Victor.
Ce sera à mes frais. Il y a longtemps que je souhaite ardemment les avoir.
Portez-vous bien, cher ami.

XV

Jacques Lefebvre d'Etaples à Henri Cornélis Agrippa, salut.

Paris, 14 novembre 1519.

Je n'ai remis au Père Célestin (1), porteur de la présente, qu'une seule
lettre à votre adresse, ô savant homme, ainsi que quelques petits opuscules. Il n'est pas douteux que vous ne les ayez déjà reçus. J'approuve les
généreux sentiments que vous avez montrés dans la défense de sainte
Anne, mère de la Vierge ; mais ce qui m'attriste, c'est de voir que vous
vous êtes attiré la malveillance de beaucoup de gens. *Reuchlin* (2), excellent
homme comme vous, et comme vous très instruit, a souffert aussi beaucoup. Tous ces ennemis rangés en bataille mettront-ils moins d'obstination à défendre leur Anne trois fois mariée, trois fois mère, s'il ne se produit pas de défection ? Ils craindront de dire que c'est une routine, un
vieux moyen usé que d'avoir recours à la sanction de l'Église. Si vous
publiez votre ouvrage, prenez bien toutes vos précautions, car, comme
vous le dites, ils attaquent au moyen de tranchées, cherchant à lancer
leurs traits étant eux-mêmes à l'abri ; ils font peu de cas de la conscience
et sont réfractaires au vrai même reconnu. Faites aussi en sorte que tout
soit pur et châtié, si vous devez le publier ; nos temps, en effet, sont
féconds en critiques avisés, qui dédaignent toute sorte d'écrits s'ils ne
sont embellis des charmes de l'éloquence. Je ne doute point que vous
n'ayez, parmi vos adhérents, surtout les Allemands auxquels vous conférez
le soin de juger vos écrits ; ils se sont montrés bienveillants, instruits,
élégants dans leur style. Beaucoup déjà ont écrit contre ma discussion
sur sainte Anne, tant Franciscains que Carmélites. Je ne sais pas encore
s'ils ont publié leurs écrits. Il y a plus d'un an et demi qu'un Carmélite a
écrit un mémoire posant trois conclusions, dans lequel il s'efforçait de
détruire ma discussion : mais les moyens qu'il emploie sont vraiment
primitifs. Je vous envoie ces conclusions. Je vous aurais même envoyé
l'ouvrage entier, si j'en avais eu le temps. Mais ces dernières semaines,

(1) Claude Dieudonné.
(2) Philologue, helléniste et hébraïsant (1455-1522). Il était Badois.

j'ai erré à droite et à gauche, et, de l'année entière peut-être, je ne me
fixerai pas à Paris. Sachez que je ne possède rien qui ne soit à vous, puisque vous avez mon âme. Adieu, homme que je dois entourer de ma plus
vive amitié.

XVI

Claude Dieudonné (1) à Agrippa.

Annecy, 26 juin 1521.

Savant docteur, la nouvelle, quoique tardive, de votre séjour dans
Genève m'a comblé de joie. Elle me donne, en effet, l'espérance de revoir
un ami tant regretté et de pouvoir jouir encore de ses doctes et sages
entretiens. Oui, je l'affirme avec force, jamais amitié ne m'a été plus
douce que la vôtre, illustre Agrippa. Que ne puis-je passer toute ma vie
avec vous! La chose m'est impossible; mais il me reste du moins le plaisir si grand encore de vous entretenir par correspondance. Comment
allez-vous? Quelles sont vos occupations présentes? Qu'avez-vous fait ces
derniers temps? Avez-vous reçu la lettre que je vous ai écrite peu après
notre séparation? Dites-moi si la seconde édition du Nouveau Testament
d'Érasme est certainement imprimée. J'ai écrit aux libraires de Lyon de
me l'envoyer, à n'importe quel prix. Où en est *Luther?* Sa traduction des
Psaumes est-elle achevée? Je le désire ardemment.

Adieu, très docte ami. Votre serviteur.

XVII

Claude Dieudonné à Agrippa.

Annecy, 10 septembre 1521.

On ne saurait dire, très savant et très illustre Agripppa, combien votre
honneur m'intéresse, combien je me réjouis de votre gloire, combien surtout j'admire votre érudition « *qui doit couler beaucoup de l'abondance du
cœur et non simplement du bout des lèvres* », pour me servir des paroles de
ce Nazianze (2) dont les écrits sont pour beaucoup, et surtout pour moi,
de l'or presque pur.

(1) Le Père Dieudonné avait passé de Metz, où il fut réprimandé pour ses
relations avec Agrippa, au couvent des Célestins d'Annecy, en Savoie (voir note 2,
p. 66).

(2) Saint Grégoire de Nazianze, père de l'église greeque (328-389).

Hélas! mes lettres ont beau vous appeler; vous ne venez pas passer quelques jours auprès de nous. J'attends toujours cependant que vos affaires vous conduisent ici. Avec quel empressement j'irai me jeter dans vos bras! Mais je m'abandonne à la familiarité et j'oublie votre grandeur. Votre bonté excessive est cause de ma hardiesse, pardonnez-moi, si vous êtes un autre Socrate. Quelques-uns de nos Maîtres en capuchon de la secte dominicaine, ces persécuteurs ou plutôt ces inquisiteurs de notre foi, entrèrent par hasard ces jours derniers dans notre parloir : la conversation tomba sur notre savant Érasme, et, au milieu d'accusations plus ou moins violentes, ils se mirent à vomir contre lui et contre Luther tout le venin de leurs injures, déblatérant contre les quatre Antechrists de l'Église : *Erasme, Luther, Jean Reuchlin* et *d'Etaples.*

Comprenez-vous ces sycophantes persécuteurs des lettres? Au reste, le porteur des présentes, homme de lettres et érudit distingué, désire beaucoup s'entretenir avec vous.

Confiez-vous à lui. Vous saluerez en mon nom notre révérend et très docte seigneur official (1). Portez-vous bien, illustre Agrippa, vous, votre fils (2), et toute votre famille.

De notre cellule d'Annecy.

XVIII

Claude Dieudonné à Agrippa.

Annecy, 2 octobre 1521.

Vous vous étonnerez, peut-être, illustre et cher Agrippa, de l'audace d'un homme obscur, privé de talent comme moi, qui, abusant d'une amitié de quelques jours et sans tenir compte de l'éclat de votre position, s'oublie jusqu'à prendre la liberté de vous importuner par trois lettres consécutives. Mais, pour me justifier d'une telle conduite, rappelez-vous la bonté que vous m'avez si gratuitement témoignée à Metz, bonté que je ne puis oublier, et qui seule est la cause de ma hardiesse peut-être excessive. Je ne puis assez admirer en vous cet étonnant savoir et cette émouvante éloquence qui m'a subjugué et ébloui plus que toute autre. J'ai appris que vous aviez très heureusement publié une savante apologie, en réponse au prieur de Metz. Oserai-je espérer que vous voudrez bien m'en faire part : j'estime que ce sera un très grand honneur pour ma modeste bibliothèque que d'y introduire quelqu'une de vos œuvres. Si ce n'est pas être trop importun, daignez m'écrire ce que vous pensez des ouvrages de *Luther.* Vous n'avez sans doute pas oublié qu'à Metz vous avez bien voulu

(1) Eustache Chapuys, qui était à cette époque official de Genève.
(2) Le petit Théodoric, qui, à ce moment, devait avoir onze ans.

me communiquer toute votre admiration pour ses principes et, à ce sujet, toute la Savoie retentit déjà de votre nom. Je désire ardemment vous revoir, et, dès que je le pourrai, j'irai certainement vous trouver, si Dieu et ma santé me le permettent. Cependant, si vous aviez l'occasion de venir à Annecy, ce qui est mon plus grand désir, soyez persuadé que votre arrivée ne fera à personne autre plus de plaisir qu'à moi. Car, j'ai un immense besoin du secours de vos lumières. Adieu, savant illustre. Mes salutations à votre fils et à toute votre famille ; n'oubliez pas surtout le révérend Seigneur official *Eustache Chapuys*, dont la vertu, au-dessus de tout éloge, est certainement la gloire et l'honneur de toute la Savoie.

XIX

Agrippa à Dieudonné.

J'aurais aussi beaucoup de plaisir à vous écrire une très longue lettre, mon révérend Père et respectable ami ; mais le temps me manque, et m'en empêche, car l'oncle maternel de ma femme (1), qui va me servir de courrier, est là tout en hâte très pressé de partir. Je ne veux pas aujourd'hui chercher à m'en excuser ; je plaiderai moi-même ma cause devant vous, car j'ai résolu d'aller vous voir prochainement et j'espère que de cette façon vous me pardonnerez.

De la ville de Genève, le jour de Sainte-Catherine (25 novembre) 1521.

XX

Agrippa à Dieudonné.

Genève, 1521.

Le courrier auquel j'avais confié la lettre que je vous adressais, révérend père et respectable ami, nous est revenu après avoir pris une autre route. Comme, en ce moment, il se trouve auprès de moi à l'improviste et tout à fait pressé, je ne puis vous écrire aussi longuement que je le désirerais.

Mais, pour répondre en peu de mots à votre lettre, sachez que je me suis déjà fort souvent abouché avec notre ami commun, l'official (2), afin de pouvoir satisfaire à votre très honorable désir. Mais cette affaire ne manque pas de difficultés et demande beaucoup de frais. Il espère pour-

(1) Jacques d'Illens.
(2) Eustache Chapuys.

tant arriver en peu de temps à éclaircir la vérité. Dès qu'elle sera reconnue, je vous le ferai savoir.

Quant à l'opinion théologique dont vous parlez, je vous dirai que je suis fortement de leur avis. Pour leur scrupule, que vous agitez et qui paraît vous causer beaucoup d'inquiétude, je ne doute pas de pouvoir facilement vous montrer en quoi et comment on doit s'en débarrasser. Il mé suffirait de pouvoir causer avec vous en toute franchise, ou de vous écrire plus longuement en toute liberté. Vous savez, je pense, que le chrétien est l'homme le plus libre de tous, comme il est également l'esclave le plus obséquieux de tous : c'est assez pour ce scrupule.

Au reste, cette question ne peut être examinée dans cette lettre, du moins relativement à ce qui me resterait encore à dire.

Soyez heureux. L'an 1521.

XXI

Eustache Chapuys à Agrippa.

Genève, 1522

Malgré l'opposition générale, Agrippa possède encore la confiance et la faveur de son Eustache, au même degré que s'il parlait monté sur le trépied d'Apollon. Mais Eustache, revêtu de fonctions publiques (1), est obligé de plaire au peuple, de suivre l'opinion plutôt que la vérité. Ayant eu l'envie l'année dernière de montrer ses sympathies pour vous, il a dû à grands frais, aux dépens de sa fortune publique et privée, se retirer et s'exiler, plein de craintes et d'inquiétudes. Voilà toute l'affaire. Il ne peut prendre part à vos banquets charmants, car il y est impérieusement contraint par la tyrannie de quelques personnages. Il prie les dieux que Thalès y prenne part à sa place avec tous les génies tutélaires.

Adieu. An 1522.

XXII

Agrippa à un ami.

Genève, 19 septembre 1522.

Salut, homme d'une distinction parfaite. J'ai écrit dernièrement une courte lettre sur mon affaire au Magnifique Chancelier. Elle lui a été

---

(1) Chapuys était encore alors Official de l'évêché de Genève, et cette situation était fort délicate à cette époque de l'histoire genevoise.

remise par le Révérend Seigneur l'Elu de Genève, l'*Abbé de Bonmont* (1),
auprès de Moûtier en Tarantaise. A son retour, celui-ci m'a raconté qu'en
sa présence et en celle du dit Chancelier le Duc (2) avait recommandé
particulièrement mon affaire au dit Chancelier. Il l'a prié de veiller à ce
que je reçoive une pension raisonnable et même avantageuse. Il m'a dit,
en outre, que ce dernier devait aller bientôt à Chambéry et qu'il y resterait quelques jours. Je vous supplie donc de choisir l'occasion et le moment
favorables à votre avis pour parler de moi au Chancelier; je vous supplie
de ne pas m'oublier, et de faire avec tout le bon vouloir, toute la diligence dont vous êtes capable, tout ce que vous pourrez faire dans mes
intérêts auprès de ce haut dignitaire. Voilà deux ans, en effet, que je me
fie aux promesses de l'illustre Prince. Je me rendrais bien à Chambéry,
si je le pouvais, mais le mauvais état de mes finances s'y oppose. Voilà,
dis-je, deux ans d'incessante attente à mon grand dommage, obligé à de
grandes dépenses et, perdant de l'argent, forcé d'emprunter. Jusqu'ici je
n'ai obtenu que de bonnes paroles. Je ne sais pas vraiment ce qu'en ce
moment même je dois espérer, si je n'ai pas lâché les oiseaux pour me
rabattre sur les mouches. Ces jours derniers, on m'appelait en France, en
m'offrant une position des plus honorables et des plus lucratives. Mais je
suis décidé à faire passer le Sérénissime Duc avant tout le monde, pourvu
toutefois que les grandes dépenses qu'entraînent de longs délais ne me
réduisent pas à la besace.

Je voudrais donc savoir le plus tôt possible ce que le Chancelier veut
faire à mon égard, comment et dans quel bref délai cette affaire qui m'occupe va se terminer. En effet, j'en ai besoin et surtout de rapidité dans la
manière dont elle sera menée. Sans cela je deviendrai ma propre victime
et me priverai moi-même de tout espoir. Et lorsqu'à l'improviste, contre
mon attente, on m'appelle, on me prie d'accepter des fonctions élevées,
je me perdrais moi-même par ma propre négligence. Je vous en prie donc
encore une fois, faites en sorte de recommander mon affaire. Ne sais-je
pas tout l'avantage que je peux retirer de votre crédit, de votre bonne
recommandation auprès du Chancelier, si toutefois il a songé quelque peu
à moi. Dans le cas contraire, veuillez m'avertir afin qu'après une si grande
perte de temps et d'argent je cesse d'espérer en vain, me faisant comprendre ainsi d'accepter un meilleur sort. Quoi qu'il en soit, je me montrerai toujours tel à votre égard qu'on ne pourra jamais m'accuser de la
moindre ingratitude. Adieu, très cher.

XXIII

Agrippa à un ami.

Genève, 3 octobre 1522.

Salut, homme d'un rang élevé. J'ai écrit naguère à Votre Hauteur une

(1) C'était un protecteur dévoué d'Agrippa.
(2) Le duc Charles III de Savoie (1504-1553).

courte lettre, qu'a dû vous remettre le vénérable *abbé de Bonmont*. J'ai
voulu encore une fois, dans cette courte missive, vous rappeler mon souvenir. Il me plaisait que vous vous acquittiez à mon égard de ce que, suivant les renseignements que j'ai reçus, l'Illustre Prince (1) vous a chargé de
faire. Veuillez me pardonner si je vous parle avec cette franchise. J'aime
mieux être accusé d'arrogance, si toutefois il y en a dans mon fait, que
d'entasser une foule de mots peu sincères, de chercher par des flatteries
mensongères à vous circonvenir,·pour tirer de vous quelque chose dans
l'avenir, et de paraître ainsi pouvoir être accusé et convaincu de basse
adulation. Aussi bien, je m'efforcerai plutôt de reconnaître tant en action
qu'en paroles la reconnaissance que je vous dois et vous devrai par la
suite. En somme, je vous supplie de faire tout de suite ce que vous devez
faire pour moi. J'ai encore plus besoin de célérité dans l'affaire que de la
chose elle-même. Adieu, très cher.

XXIV

Agrippa à un ami (2).

Genève, 3 octobre 1522.

Je vous ai dernièrement écrit pour vous recommander mon affaire et
comme on écrit à un ami diligent en qui l'on a une confiance pleine et
entière. De plus je vous ai adressé une courte missive pour le Chancelier.
D'après ces écrits, je pense que vous devez connaître suffisamment soit
ma pensée soit la position difficile où je me trouve. Or, j'espérais obtenir
de vous une réponse aussi prompte que possible; quant au Chancelier,
j'attendais de lui impatiemment non pas tant une réponse que la faveur
elle-même que je demande. Puisque vous ne me répondez pas, et que,
d'autre part, je n'ai rien reçu de lui, je suis dans une telle désolation que,
l'espoir dont je m'entretenais n'existant plus, il ne me reste que la corde
pour me pendre.

Le Chancelier, je le sais, ne restera auprès de vous que fort peu de
temps; il a beaucoup à faire, de longs préparatifs à prévoir; la mémoire
des hommes est courte, obtenir leur faveur est difficile surtout à moi qui
suis éloigné, et dont l'absence me place moins en vue qu'un autre, et, du
reste, j'ai peu d'amis en cette ville. Voyez comme mon esprit voit tout en
noir. Je vous prie donc encore, je vous prie et vous supplie une dernière
fois de mettre un terme quelconque à cette attente fiévreuse, à ce long
retard. Faites-le cesser de quelque façon que cela soit : s'il ne m'est pas
permis d'espérer qu'il me soit au moins permis de désespérer. Adieu,
très cher ami, ainsi qu'à votre chère épouse.

Ecrit en toute hâte à Genève, 3 oct. 1522.

(1) Le duc de Savoie.
(2) Cette lettre est écrite probablement à l'Abbé de Bonmont.

XXV

Agrippa à Eustache Chapuys.

Fribourg en Suisse, 20 mars 1523.

Je ne vous ai pas encore écrit, Révérend Père et respectable Seigneur, et je ne sais pas trop comment m'en excuser aujourd'hui. En d'autres temps je vous donnerai les raisons de ma négligence et vous m'absoudrez sans peine, je l'espère. Je ne puis vous envoyer cette fois une longue lettre, car le courrier est là qui va partir et me harcèle. Considérez-moi, je vous prie, comme vous étant tout à fait dévoué, et croyez que je me montrerai digne en tout temps et en tous lieux de votre confiance. Je sais combien je vous dois, et que je ne pourrai jamais vous rendre assez en retour. En tout cas, je travaillerai et ferai tous mes efforts à ne pas paraître trop ingrat. Voici quelle est ma situation ici : nos Seigneurs de Fribourg m'ont très bien accueilli et très bien traité; ils me comblent de bienfaits, et cela un peu en votre faveur, car tous vous honorent et vous présagent toutes sortes de biens.

Mon épouse, votre commère, se rappelle humblement à votre Révérence. Nous vous recommandons aussi le cher petit Haymon (1). Portez-vous bien, vivez heureux et content. Je me confie et me recommande à vous.

XXVI

Eustache Chapuys à Agrippa.

Genève, 6 avril 1523.

Votre lettre m'est parvenue, savant Henri, et elle m'a causé un très grand plaisir. Je désirais un peu savoir en effet ce qu'il était advenu de vous, depuis notre séparation. Mais ce dont je me suis le plus réjoui, c'est d'apprendre que nos Seigneurs de Fribourg vous aient si bien et si magnifiquement accueilli. Cela, et plus encore, était certainement dû à vos très grandes vertus. Aussi puisse Dieu vous favoriser ! et je souhaite à votre divin génie de pouvoir toujours se tirer avec honneur, selon sa coutume, des embarras de la vie.

Quant à notre cher petit *Haymon*, soyez sans inquiétude à son sujet;

(1) Haymon était le fils aîné d'Agrippa et de sa deuxième femme, Jeanne-Loyse Titie. Chapuys, étant parrain du jeune Haymon, il s'intéressait à lui et le gardait souvent près de lui. Théodoric était l'unique enfant de sa première femme.

nous le considérons comme notre propre fils, et nous n'épargnons ni soins, ni efforts, pour lui donner une forte éducation, et en faire bientôt un homme. Portez-vous bien et écrivez-nous souvent. Adieu, cher Cornélis.

XXVII

Agrippa à Eustache Chapuys.

Fribourg en Suisse, 19 octobre 1523.

Le porteur des présentes s'est offert à moi si à propos, il m'a paru si fidèle et si sûr, il vous est si bien connu, mon Révérend, que je n'ai plus du tout besoin d'écrire les longues et volumineuses lettres que je me proposais de vous envoyer. Il vous exposera largement chaque chose et avec tous les détails. Au reste, veuillez croire à mon amitié; autant que vous le voudrez, à tout instant, et en tous lieux, mon dévouement et ma fidélité ne vous feront jamais défaut.

Votre commère se recommande instamment à votre Révérence. Pour le petit *Haymon*, nous savons qu'il vous est si cher qu'il n'est pas besoin de plus de recommandations. Puissions-nous un jour vous payer un peu de retour pour tous les services que vous nous rendez. Portez-vous bien.

XXVIII

Claude Blancherose (1) à Agrippa, de haute et puissante érudition.

Annecy, 11 novembre 1523.

Vous vous étonnerez sans doute, cher Cornélis, de ce qu'au milieu de cet immense globe qui nous emporte dans son vaste tour nous puissions avoir assez de confiance en nous-même pour harceler ainsi de nos lettres votre grandeur et votre gloire, dont le souvenir nous fascine et nous entraîne à une noble émulation. Car votre gloire est telle que les cieux en sont remplis et que les bornes infinies des pôles ne sauraient la contenir.

Aussi non seulement je ne puis m'empêcher de vous chérir et de vous aimer, mais (et cela sans passer pour un vil adulateur) je vous admire, vous honore et vous vénère comme une divinité descendue du Ciel. Comme

_____

(1) La vie de Blancherose, médecin, né en Franche-Comté, n'est pas très connue. A l'époque où il correspondait avec Agrippa, il était médecin à Annecy. En 1526, il alla à Lyon visiter son ami Agrippa.

le diamant, un moment caché parmi des flots d'or, resplendit soudain et étincelle de mille feux, comme le Titan l'emporte sur les astres éclatants des cieux, comme l'immensité des mers suffit à absorber les fleuves, ainsi Cornélis, votre science et votre vertu nous dominent tous, avec autant de facilité que Phébus dont l'éclat fait pâlir les astres voisins.

De quels éloges, grand Dieu, vous a comblé notre ami commun, l'aîné des quatre frères Laurencin (1), lorsqu'à Valence il nous a apporté vos commentaires si justes, si sagement achevés sur la thèse de *Raymond Lulle* (2). Quelle louange encore ne vous a pas donnée à Avignon cet adolescent, qui déjà est un homme éminent par le savoir, *Donatus Phosseyrus*. Aussi, à Lyon, tous sont subjugués, et le seigneur baron de Riverie et une multitude d'autres que nous passons sous silence pour ne pas être trop long. Quant à nous, regardez-nous comme votre plus fidèle client et votre serviteur pour toujours. Si, comme dit Cicéron, nous poursuivons d'une affection à peine compréhensible ceux que nous ne voyons déjà plus et qui sont plongés dans les abîmes infernaux, à plus forte raison devons-nous aimer ceux que nous voyons mener parmi nous une vie céleste et en quelque sorte plus heureuse que celle des anges. Soyons donc, je vous en prie, vous Oreste et moi Pylade, vous Titus et moi Egésippe ; imitons Jérôme et Augustin, ces deux lumières du dogme sacré, qui ne se sont jamais vus et ont cependant toujours été liés par la plus étroite, la plus intime amitié. Nous mettons à votre disposition non des trésors, non des richesses, mais un tout petit cœur, d'après ces paroles : « Prenez, nous vous en prions, tout ce qui nous appartient dans ce monde, prenez et notre âme et notre corps (3). »

La suite, pour que vous vouliez bien nous croire un autre Achate, doit ressembler à ceci : « Ils ont tous aimé, et Thésée son ami descendu au Tartare, et Pyrithoüs son compagnon Thésée, et l'austère Patrocle son puissant Achille, et la blanche sœur de Phébus son Endymion trop adoré. Pâris, fils de Léda, n'a pas été enchaîné par un amour plus ardent. Que notre langue se dessèche plutôt que de voir briser notre mutuelle union.

Adieu, inscrivez-nous au nombre de vos amis et de vos clients ; et considérez-nous comme tout à fait vôtre, ce que je suis en effet (4).

Si vous demandez, très illustre Agrippa, d'où viennent les vers que nous inspire notre [muse timide, c'est Claude qui vous les envoie ; tout imparfaits et tout grossiers qu'ils sont, jetez sur eux un regard bienveillant, nous vous en prions. C'est l'exemple du prince persan dont la volonté bienfaisante est célébrée par le pauvre paysan privé d'eau.

Adieu, vivez toujours heureux et content, et que votre renommée dure

---

(1) Blancherose aurait écrit *l'Aîné des 4 frères Laurencin* pour distinguer Jehan Laurencin, religieux antonin, de son frère cadet Jean, secrétaire de Saint-Nizier, à Lyon.

(2) Voir Agrippa, *Opera omnia*, tome I, p. 333.

(3) Paroles que Sénèque le Philosophe met dans la bouche d'un disciple de Socrate.

(4) Le texte de cette lettre contient ici dix vers latins adressés par le docteur Blancherose à Agrippa.

autant que les cieux. Pour nous, puisse Dieu nous accorder de longs jours, afin que nous puissions célébrer votre gloire. — Annecy, le jour de Saint-Martin (11 novembre), écrit plus rapidement qu'on mettrait à faire cuire des asperges, année 1523.

XXIX

Blancherose à Agrippa

Annecy, 20 novembre, 1523.

C'est à bras ouverts, comme l'on dit, que nous avons reçu votre lettre, comme un témoignage de votre affection, ô docte entre les doctes. Mais ce n'est pas sans étonnement que nous y avons lu ces plaintes que vous adressez à chaque planète sur la trahison de notre Mercure (comme vous dites); aux yeux de tous, aussi insaisissable que le cercle, la sphère ou la figure quadrangulaire, vous passez pour ne donner aucune prise à la fortune. Semblable au soleil lumineux ou à l'air limpide, on vous dit ἄπαθον (pour parler comme les Grecs) et votre âme, isolée de la matière, vit en toute liberté au sein de ces entraves physiques qu'on appelle la vie.

Le bonheur doit vous appartenir. Nouveau Démocrite, tendant des pièges à la fortune, vous êtes entré dans le labyrinthe de ce monde non sans le fil conducteur ; pourquoi nous rappeler comme les pleurs d'Héraclite ? Le fils de Maïa est plutôt défiant pour nous que perfide, et vous en chanterez la palinodie dès que vous connaîtrez les secrets de nos oracles. Votre lumière nous éclaire ; mais je ne puis assez vous adorer comme le soleil, vous vénérer comme la déesse de Cynthus (1) ou suivre vos préceptes comme ceux de Minerve. Un pygmée ne peut rien à côté d'Hercule ni Arachné auprès de Pallas. Comparés à vous, nous ne saurions rien être que des enfants suspendus au cou d'un géant, pour ne pas abuser de plus longues réminiscences. Le divin créateur des choses a caché aux émules d'Atlas ce qu'il a découvert largement en quelque sorte aux taupes obscures. Mais hâtons-nous lentement. Fi des trésors de Midas, ou des richesses de Crésus ! La plénitude de nos désirs, la réunion de tous les biens, l'accomplissement de tous nos vœux, voilà ce qu'il nous faut espérer avant la mort, n'en déplaise à Ovide. Le Psalmiste a-t-il jamais vu le juste abandonné, et ses enfants mendiant leur pain ? Quoique les poètes prétendent que Pallas et la Fortune soient perpétuellement en rivalité, entreprenons dans notre intérêt, avec l'aide des dieux, de les mettre d'accord. Il nous faudrait à ce sujet la certitude d'une parole vivante, et vous n'avez jamais pensé que l'espérance pouvait suffire à nourrir les pauvres.

Retenu ici par les liens d'Esculape (2) et d'Apollon, je ne puis encore

(1) Diane.
(2) Blancherose était médecin aux gages de la ville d'Annecy en 1523.

aller vous revoir et jouir des vastes trésors de votre esprit. Nous attendons de Grenoble nos règles et nos hardes avec l'angoisse de gosiers complètement à sec. Adieu, soyez heureux et rappelez-vous votre Blancherose (1).

D'Annecy, en courant comme le vent.

XXX

Agrippa à Eustache Chapuys.

Lyon, 3 mai 1524.

Au milieu des hasards les plus divers, au milieu de tous les risques du sort, nous sommes arrivés à Lyon, cette ville où je puis jouir auprès d'anciens amis des plaisirs de l'intimité. Dans cette ville où je vais trouver largement appuis, occasions et moyens de réussir, je commence enfin à trouver l'honneur, la gloire et la fortune. J'ai laissé aussi à Fribourg des amis que je n'oublierai jamais. Au reste, j'attends du roi un envoyé qui doit me remettre en or le prix de ma pension : même j'ai déjà reçu de son trésorier quelques pièces d'or à couronne pour m'installer chez moi. J'ai voulu vous apprendre tout cela sans retard; plus tard je vous écrirai plus en détail.

Notre cher fils *Haymon* vous reste; nous vous le recommandons. Je désire moi-même être recommandé à votre ami le seigneur Jean. Je vous prie de ne pas négliger mes tableaux, car, dans peu de temps, je vous enverrai de l'argent pour les racheter, et pour qu'ils me soient restitués (2). Votre commère vous salue et vous souhaite toutes sortes de bien. Nous saluons tous les vôtres. Portez-vous bien.

XXXI

Agrippa à Eustache Chapuys.

Lyon, 1524.

Je m'afflige, mon révérend Père, d'être soupçonné de négligence à votre égard, parce que j'ai différé quelque temps de vous écrire. Cependant j'espère facilement en mon pardon, car cela ne s'est pas produit par oubli de ma part, et ma fidélité envers vous n'en est pas moins demeurée constante. En effet, j'avais résolu de vous envoyer des lettres détaillées sur les

(1) Cette lettre verbeuse est suivie d'un quatrain latin dirigé contre les adversaires d'Agrippa.
(2) Agrippa, pressé par le besoin, avait mis en gage, sous forme de vente à réméré, des tableaux de valeur.

événements récents. Mais, par ce temps de guerre, ma correspondance
aurait pu paraître suspecte ; plongé tout entier dans les affaires de la cour
au milieu des conseillers du roi, mêlé à des occupations assez sérieuses,
détourné ailleurs par les affaires publiques et privées, il était moins en
mon pouvoir d'écrire, et, en même temps, je pensais que cela ne m'était
pas permis, surtout à Genève, où nos ennemis chantaient déjà leur triomphe *mais avant la victoire,* suivant le proverbe. Je vous avais adressé *Jacques d'Illins* (1) pour vous parler et vous conter toutes nos affaires. J'ignore
par quelle négligence ou par quel empêchement la chose n'a pu se faire.
Il n'y a donc pas de raison pour que vous doutiez que j'aie pu vous
oublier un instant. Vous avez tant de bonté pour moi, votre libéralité
envers notre cher fils est tellement grande que toujours vous serez pour
moi le premier, le plus respectable et le plus digne des amis. Vous désirez connaître ma position : et bien, je suis certainement riche des promesses du roi et des autres princes, mais tout ce bel avenir va, pour la
plus grande partie, m'être enlevé par la guerre avant d'en jouir.

Ma femme, votre commère, vous salue et vous souhaite une heureuse
santé. Portez-vous bien, ainsi que toute votre maison.

Lyon, le 22 novembre, écrit à la hâte.

XXXII

Un ami à Agrippa (2).

Lompnes, année 1524.

Nous avons appris par *Jacques d'Illins,* notre commun ami, que vous
veniez d'être, non sans avantage, enrôlé parmi les pensionnaires du roi.
Aucune nouvelle, croyez-moi, ne pouvait nous être plus agréable. Nous
nous réjouissons beaucoup de cette faveur de la fortune ; elle n'est pas, à
la vérité, encore à la hauteur de vos vertus, mais elle se trouve on ne peut
plus opportune.

Nous ne nous en félicitons pas moins pour le monde des études : les
savants jusqu'à ce jour ont été en proie aux injustices du sort, et leur
ciel est obscurci par les nuages de l'infortune. Votre bonheur présent est
d'un bon présage de temps plus heureux. Nous avouons que la pensée dont
Platon exprimait autrefois le désir paraît atteindre à un but pratique,
c'est-à-dire *que les sages soient rois ou que les rois soient sages.* Il n'y a pas
en effet de différence entre leur pouvoir et leurs conseils pour le gouvernement de la République.

(1) C'était l'oncle maternel de Jeanne-Loyse Titié, la seconde femme d'Agrippa.
(2) Cette lettre est probablement de *François Bonivard,* né à Seyssel en 1493
et mort à Genève sur la fin de 1570. Bonivard fut un des adversaires les plus
ardents de Genève contre le duc de Savoie et, avec Berthelier, il fut l'un de ceux
qui essayèrent de soustraire Pécolat à la mort, et qui voulaient la combourgeoi-
sie avec Fribourg, ce que le duc voulait éviter à tout prix.

Nous voulons vous avertir d'une chose : puisque vous avez résolu d'é-
changer de nouveau la toge pour la saie des camps, et de partir en guerre
contre *Bourbon*, ayez soin d'attacher votre tessère au bout de votre lance
pour que notre Official (1) n'éprouve pas la mésaventure de ne pas reconnaître son ami ; car, lui aussi, comme nous venons de l'apprendre, s'est
établi à l'armée du connétable pour suivre le drapeau à l'avant-garde, ou au
corps de réserve. Quant à nous, nous devons nous abstenir de prendre
part à l'action; quelles que soient les calamités dont la fortune nous donne
le spectacle, il nous faut rester en dehors de toute affaire, puisque notre
position nous l'interdit. Mais nous ne sommes pas pour cela privés de
toute espérance de voir la fin de nos maux ; nous la conservons dans notre
cœur, pour nous servir du proverbe admis au forum romain, ce qui nous
est permis à bon droit. Car vous savez de quel prix nous estimons les paroles de ces Romains. Les affaires privées et publiques ne peuvent nous
enlever notre repos, mais nous pouvons dépenser notre activité au travail
littéraire, à l'art de la parole, puisque le pouvoir d'agir nous a été enlevé.
Malgré notre infériorité pour ces deux genres de travaux, le second nous
a toujours paru plus agréable : si, d'un côté, la supériorité de vos vertus
et de votre fortune, et, de l'autre, le sentiment de notre peu de valeur, ne
nous permettent guère d'aspirer à ce que nos œuvres puissent bien mériter de vous (ce que nous avons toujours désiré, comme vous ne l'ignorez
point), nous voulons du moins essayer de combattre avec vous par la
plume, ne demandant d'autre récompense que de vous adresser la présente
non pas pour faire parade de nos sentiments à votre égard, vous les connaissez assez, mais pour vous dire toute la joie que nous avons ressentie
de votre succès. Là-dessus nous vous prions, si, dans la suite, vous pouvez disposer de quelques instants, de les employer à nous donner des
nouvelles soit de vous, soit des événements nouveaux. Adieu, présentez
en notre nom nos salutations à votre épouse.

Lompnes (2), à la hâte (ce que vous reconnaîtrez facilement au style et aux
ratures), année 1524.

XXXIII

Un ami à Agrippa.

Bâle, 1524.

Vous avez, si vous tenez à moi, quelque chose à réclamer de notre commun ami *Michel* ; il ne vous a pas remis ma lettre, ou, si vous m'avez

(1) Eustache Chapuys venait d'être envoyé en mission diplomatique au camp
du connétable de Bourbon par l'évêque de Genève, Pierre de la Baume.
(2) Il y a 6 *Lomniz* en Allemagne (en latin *Lompnis*), 4 en Autriche et encore
d'autres en France, entr'autres le château de Lompnes, dans l'Isère. Le Lompnes
dont il s'agit ici est *Lompnas*, à 36 kilomètres de Belley, canton d'Hauteville.

répondu, il ne m'a pas envoyé votre réponse. Et cependant l'aumônier de
la Duchesse et plusieurs autres m'avaient promis de la façon la plus for-
melle de me faire passer une lettre à la prochaine foire de Bâle, foire
maintenant terminée. Je ne puis assez m'étonner qu'il n'en ait rien été. Si
vous parvenez à savoir quelle est la cause de ce manque de parole, faites-
le-moi savoir et ayez soin d'adresser votre lettre à la demeure de *Jean
Spirers*, citoyen de Bâle. J'espérais aller vous voir ; mais, comme je n'ai
rien reçu, je ne suis pas venu. Je vous envoie la lettre du curé de Sainte-
Croix ; si vous ne pouvez la lire il faudra avoir recours à un nouvel
Œdipe. Je vous en envoie une autre dont la suscription vous indiquera
assez à qui vous devez la remettre. Faites pour le mieux ce qu'on vous
demande, comme c'est votre habitude de le faire pour tout ce que vous
demandent vos amis. Prenez cette affaire à cœur, vous dis-je, je vous en
supplie encore une fois au nom de notre amitié. Du reste, celui qui vous
a remis cette lettre est le Pylade du Seigneur *Jean Froben* (1), le roi sans
contredit des graveurs sur l'airain. Ce dernier me demande de vous prier,
et moi-même je vous en prie au nom de l'utilité publique, de laisser là
toute autre occupation, pour fouiller avec soin toute la Bibliothèque du
D. Saint-Jean de Lyon, ou une autre encore, s'il y en a de plus anciennes ;
voyez si vous y trouverez quelques exemplaires de l'histoire de Pline, surtout pour les derniers livres. Tout ce que vous trouverez, vous pourrez le
confier à ce messager. Si l'on réclame de longs ~~ant, il le trouvera. Si j'étais
là, je me porterais caution ~~Annecy, le jour de~~dre service à *Froben*. Faites
en sorte que je ne paraisse ~~on mettrait à faire~~ placer ma confiance dans
votre amitié. Du reste, pour que vous n'aillez pas croire que vous avez
tout à fait perdu votre temps, j'ai traité avec lui pour l'impression de
votre ouvrage contre le Père Dominicain et même pour celle de tous vos
ouvrages. *Froben* m'a répondu que, dès qu'il les aura entre les mains, il
fera tout son possible pour qu'on ne puisse, à ce sujet, l'accuser ni de
quelque négligence ni de quelque lenteur. Adieu. Mille choses de ma part
à votre très illustre compagne.

Bâle, le lendemain de la Saint-Martin 1524.

XXXIV

Agrippa à Eustache Chapuys.

Lyon, 21 mai 1525.

J'ai beaucoup de choses à vous écrire sur les événements courants,
comme l'exigeraient ma fidélité et ma religion à votre égard comme à
l'égard du roi. Mais cela ne m'est pas permis, depuis que j'ai été admis
aux secrets conseils de ma princesse (2), et, lors même que je le pourrais,

(1) Célèbre imprimeur de Bâle, qui confia à Erasme la correction de ses belles
éditions.
(2) Louise de Savoie.

ce ne serait pas utile. Car je sais que vous êtes en proie au schisme et aux divisions intestines, que beaucoup s'introduisent et vivent dans votre maison avec le seul but d'être à l'affût des nouveaux événements, et que, changeant de peau, ils se retirent ensuite et vont faire leurs dénonciations. Aussi vous' me pardonnerez si vous ne recevez de moi que de rares et courtes lettres. Vous penserez que nous ne pouvons écrire en toute liberté, nous qui ne devons pas paraître ce que nous sommes, c'est-à-dire des amis pour toujours. Pour moi, je suis tel à votre égard que 'vous pouvez vous le promettre de moi, c'est-à-dire tout ce qu'on peut attendre de l'ami le plus fidèle. Portez-vous bien ; votre commère, mon épouse, vous souhaite une heureuse santé.

Maison de la Roche (1), à Lyon, 21 mai 1525

XXXV

Agrippa à Chapuys.

Lyon, 8 juin 1525.

Le personnage qui doit vous remettre cette lettre est venu me saluer de votre part, et m'a annoncé que notre cher petit *Haymon* était, par vos soins et à vos frais, très bien entretenu. Pour un tel service, je vous dois mille actions de grâces. Mais nous désirerions que l'enfant nous soit ramené, à moins d'obstacles sérieux. Car, très prochainement, nous devons partir pour la France, où notre très illustre princesse (2) nous a assigné notre séjour, à frais gratuits, soit à Tours, soit à Orléans, soit à Paris. Agissez suivant ce qui vous paraîtra le plus commode, et dites-nous le plus tôt possible si vous pourrez nous renvoyer l'enfant ou non.

Rien de nouveau et d'intéressant à vous écrire, sinon que nous jouons fort bien la fable de Pandore. Avec Apollon, elle avait reçu une boîte remplie de vertus ; dès que cette boîte fut ouverte, toutes s'envolèrent, et il ne resta au bord que l'espérance. A nous aussi l'espoir nous reste, et tout à fait beau. Je voulais vous écrire plus longuement ; mais la clepsidre m'indique qu'il faut terminer ; ainsi donc vous attendrez de plus longs développements pour un autre moment.

Votre commère, ma femme, vous salue. Elle est près d'accoucher. Portez-vous bien.

---

(1) Cette maison pourrait être le château Gaillard, placé non loin de la fortification nommée *de la Roche*, qui existait autrefois à Lyon, vers le point où actuellement se trouve la place du port Neuville. Dans les *Epist.*, V, 12 septembre 1527, Agrippa dit : « *Hospitatus in domo episcopali apud conventum fratrum Augustinianorum...* »
(2) Louise de Savoie.

XXXVI

Un ami à Agrippa.

Sursée, 11 juin 1525.

Votre sagesse si grande, et je dirai même divine, m'a inspiré envers vous un amour si dévoué, excellent Agrippa, que nuit et jour il m'est impossible de ne pas penser à vous. Ces jours derniers, je vous avais écrit une petite lettre et je suis inquiet de savoir si vous l'avez reçue ou non. Je vous y faisais la promesse de l'*Art cabalistique* et de quelques livres de *Lulle*. Je voudrais les voir en votre possession comme je les possède déjà. Je suis, en effet, un de ces hommes qui, suivant les forces de leur intelligence, sont toujours disposés à être agréables à tout homme sage et érudit. Qu'y a-t-il, par les Dieux Immortels, de plus doux, de plus suave, de plus agréable enfin que l'amitié du plus savant des hommes? Eh bien, illustre Docteur, n'oubliez donc pas un homme qui fait si grand cas de vous, qui s'étudie sans cesse à vous être de quelque utilité. Toujours je serai pour vous le plus dévoué d'entre les plus dévoués. Adieu, honneur de Cologne. Ayez toujours pour *Philippe* un amour paternel, pour Philippe qui vous regarde comme un père, et qui se vante à tous d'être votre fils. Adieu encore une fois.

De Sursée (Suisse, canton de Lucerne), 11 juin 1525.

XXXVII

Agrippa à Eustache Chapuys.

Lyon, 24 juillet 1525.

Votre commère, ma femme, nous a donné ces jours derniers un troisième fils (1); le parrain est l'illustre Prince et éminent cardinal des ducs

---

(1) C'est le troisième enfant issu du mariage d'Agrippa avec la genevoise Jeanne-Loyse Tissie ou Titié. Il fut baptisé sous le nom de *Jean*. Les deux enfants qui précèdent étaient *Haymon* et *Henri*. Agrippa nous apprend (*Epist.*, V, 43), le 8 juin 1523, que son épouse est sur le point d'accoucher à Fribourg de son deuxième enfant qui dut être une fille, puisque, dans une lettre à Brennon, curé de Sainte-Croix à Metz, lettre datée de Lyon du 20 août 1524, il dit que Jeanne-Loyse lui a donné deux fils qui vivent et une fille qu'il a perdue. Or, ces deux fils sont nés (l'un *Haymon*), à Genève, l'autre (*Henri*), à Lyon. Jeanne-Loyse accoucha de son cinquième enfant à Anvers le 13 mars 1529, et mourut de la peste dans cette ville flamande, le 8 août de la même année.

de *Lorraine* (1) : la marraine est la noble *dame de Saint-Priest* (2). Je n'ai rien autre chose à vous écrire, sinon de répondre quelques petites choses aux lettres que je vous ai déjà envoyées plusieurs fois. Vous le pourrez en toute sûreté par le moyen du porteur de la présente, que nous envoyons à Fribourg, et qui, à son retour, passant par Genève, pourra nous rapporter vos lettres. Nous nous recommandons tous à vous ; nous vous recommandons aussi notre cher *Haymon*. Votre commère en fait de même à vous, et vous souhaite toutes sortes de biens. Portez-vous bien.

XXXVIII

Eustache Chapuys à Agrippa.

Genève, le 2 août 1525.

J'ai reçu votre lettre, très docte Henri Cornélis, et je ne saurais exprimer tout le plaisir qu'elle m'a réellement causé, car elle m'a appris que vous vous portiez fort bien, et que votre famille venait de s'augmenter par la naissance d'un nouveau fils, ce qui, à mon avis, est le plus grand bonheur qui puisse arriver à un mortel. Puissent les dieux faire que cet enfant soit la vivante image des vertus de son père ; que ce soit pour vous comme une assurance d'immortalité; puisse-t-il être, comme son père, la gloire et l'honneur de son siècle. Le baptême de votre fils a été honoré des plus augustes personnages, et certainement je m'en réjouis beaucoup. C'est une juste récompense de vos vertus; elles méritaient cela, et même davantage ; oui, vous étiez digne de plus encore. Une sagesse si admirable, si étonnante, ne peut moins faire que d'être portée au comble des honneurs. Pour ce qui regarde notre cher enfant (3), il se porte bien ; je me promets de vous l'envoyer, si toutefois l'excessive chaleur se radoucit un jour, car la tendresse de son âge ne pourrait supporter sans danger un soleil aussi brûlant.

Portez-vous bien et veuillez m'honorer d'une lettre.

XXXIX

Un ami à Agrippa.

Chambéry, le 5 mai 1526.

J'ai reçu votre lettre, homme de bien, et, avec elle, les opuscules pour

(1) Le cardinal *Jean de Lorraine* se fit représenter au baptême par *Claude Laurencin.*

(2) Par procuration de *Madame de Saint-Priest*, ce fut la dame *Claude Remye*, femme de Jehan Bruyères, procureur-ez-cours de Lyon, qui présenta l'enfant sur les fonts baptismaux.

(3) Le jeune *Haymon*, filleul de Chapuys.

lesquels nous vous remercions, mon épouse et moi. Je vous aurais envoyé la Cosmographie de Ptolémée, que je vous avais promise. Mais voici que *Martin* (le Peintre) à qui je l'avais prêtée volontiers, il y a tantôt huit mois, ne me l'a pas encore rendue. Ne pensez pas que je mets ce prétexte en avant pour ne pas vous donner ce que je vous avais promis. Vous savez que je tiens scrupuleusement ce que j'ai promis. S'il ne me l'a pas rendue avant la foire prochaine, vous en recevrez une autre de moi, à votre choix, telle que vous l'aurez choisie chez les libraires.

Voilà bientôt trois mois que je suis si tourmenté, si torturé, par un rhumatisme articulaire que je suis presque atteint de la rage. Je ne suis pas même sûr d'en être encore quitte, bien que les douleurs soient moins poignantes. Cependant, il m'est encore impossible de marcher. Si vous saviez quelque remède efficace, je vous en prie, communiquez-le à votre ami, ami le plus sincère, je puis le dire. Lorsque l'occasion se présentera, je vous rendrai la pareille.

Il n'y a rien ici de nouveau digne d'être cité.

En attendant, si vous avez besoin de quelque chose, usez et abusez de moi comme vous l'entendrez. Parmi tous ceux que vous avez de plus attachés, il n'en est pas qui vous le soient davantage que Conrad. Mon épouse vous dit mille choses ainsi qu'à la vôtre. Adieu, et, selon votre bonne habitude, mettez-moi au nombre de vos meilleurs amis.

XL

Un ami (1) à Agrippa.

Cognac, le 17 mai 1526.

Si j'ai tardé jusqu'à ce jour à vous écrire, c'est l'absence de notre trésorier *Barguin* qui en a été la cause. Il aime passionnément la littérature et les littérateurs ; il m'a promis de faire en sorte que l'argent de votre pension vous fût payé à Lyon par *Martin de Troyes* aussi bien en votre présence qu'en votre absence.

La Reine (2) notre maîtresse ne refuse pas de faire quelque chose pour vous, selon vos désirs, mais elle traîne la chose en longueur ; ne pensez pas qu'elle mette plus de promptitude pour mes propres affaires que pour les vôtres. Je les solliciterai l'un et l'autre et je presserai *Barguin* de penser à vous le plus tôt possible. On dit que notre Roi, après un séjour à Paris, se rendra à Chambéry pour s'acquitter de son vœu au Saint-Suaire ; il sera plus facile alors d'agir dans vos intérêts.

Je n'ai pas reçu la lettre où vous me parliez des ouvrages de Calone.

Nous avons été jusqu'à ce jour et nous sommes encore en voyage. Oh ! l'insipide voyage ! Plût à Dieu que je puisse me reposer loin des tempêtes

(1) C'est très probablement Jean Chapelain, médecin, comme Agrippa, de la Reine-mère, Louise de Savoie.
(2) Louise de Savoie.

de la vie de cour. Cette vie m'est au dernier point odieuse. J'ai vu à Bayonne *Natalis* de Toulouse, il m'avait promis de me rejoindre à Bordeaux ; je n'ai pas vu notre homme et ne puis savoir où il est passé. Que la grâce de Notre-Seigneur J.-C. se répande sur vous et sur votre modeste épouse.

XLI

Agrippa à Chapelain.

Lyon, 16 septembre 1526.

Tu me conseilles de parler christianisme à notre roi très-chrétien. J'ai besoin de beaucoup réfléchir avant de suivre ce conseil, et je me demande si, au lieu de traduire à son usage ce que les autres ont écrit là-dessus, je ne ferais pas mieux de lui envoyer mes impressions personnelles. Mais s'il est plus sûr de se tromper sous le couvert d'un autre, il est encore plus sûr de se taire, surtout à cette époque où la religion trouve tant d'interprètes et où il est bon de la pratiquer sans la commenter, si l'on ne veut être persécuté par les schismatiques d'un côté et de l'autre par les Sorbonisants, qui sont d'ailleurs très doctes Scribes et Pharisiens non en la loi de Moïse ou bien en celle du Christ, mais en celle d'Aristote. Nous devons subir absolument cette philosophie, cette palinodie, si nous ne voulons pas faire connaissance avec le fagot.

Puisque j'ai vu qu'il s'agissait d'une inimitié mortelle irréductible et que mon silence ne faisait que les rendre (1) plus insolants et plus agressifs, j'ai résolu de lever le masque et d'accepter la lutte ouverte et publique. Oui, je veux que la guerre soit éternelle avec cette tourbe de mauvais sophistes et de fainéants, et je les peindrai avec leurs couleurs, et je les attirerai avec moi en pleine lumière pour que tout le monde puisse bien les voir dans leur turpitude, pour que les peuples s'en écartent, pour que nous sachions tous enfin par qui, depuis tant de siècles, nous sommes séduits et trompés.

XLII

Agrippa à son ami Jean Chapelain.

Lyon, 3 novembre 1526.

Je suis très perplexe ces jours-ci, ô Chapelain, mon cher ami, au sujet de la lettre que j'ai écrite au Sénéchal. Je sais que cette lettre a tellement

(1) Les Moines.

offensé votre Reine (1), dont le caractère est d'ailleurs doux et traitable,
que, saisie d'une indignation subite, en proie à une sorte de terreur, elle
n'a pas pris le temps de réfléchir. Elle m'a rayé du nombre des gens
qu'elle pensionne, moi qui ai été fidèle à sa fortune jusqu'au péril de la
mienne. Elle me repousse au moment même où j'attendais la récompense
de mes services. Ce n'est pas tout : sa colère est si opiniâtre qu'elle
ferme l'oreille aux bonnes paroles de mes amis, à celles de toutes les
personnes qui veulent intercéder en ma faveur. Par contre, elle l'ouvre
toute grande aux insinuations perfides des envieux qui ont déjà perverti
sa bonne nature au point qu'elle obéit plus volontiers à des suggestions
étrangères qu'à sa bonté naturelle, depuis longtemps éprouvée, et qu'elle
refuse de croire à mon innocence. Ai-je donc commis un si grand crime
en lui persuadant qu'il fallait mettre de côté toutes ces dangereuses
croyances en l'astrologie, toutes ces puérilités, pour se confier à la Provi-
dence divine? Pourquoi s'irriter contre moi si je n'ai pas voulu que mon
âme et mon jugement, imbus de tous les sains principes de la saine philosophie, se laissassent corrompre au point d'afficher un pouvoir charla-
tanesque? Et, lorsque je pouvais lui être utile, grâce à des études et à des
connaissances plus sérieuses, si elle l'eût voulu, pourquoi a-t-elle préféré
faire l'épreuve de l'art de l'astrologie, si toutefois c'est un art, et non pas
une vaine puérilité ? Eh bien, soit, je l'admets : J'ai attribué à un avis
honnête plus de puissance qu'il ne devait en avoir : mais je dirai, comme
excuse, que j'ai parlé avec une franchise louable ; que, si j'ai été trop
hardi dans les conseils que je donnais, elle n'aurait pu ni dû m'accuser
que d'un excès de zèle. En conséquence, elle n'aurait pu ni dû conserver
contre moi une colère aussi persistante, colère indignée qui, se changeant
en rage, lui a inspiré le désir de se venger. Quel est donc maintenant
celui qui osera donner un conseil à un prince quelconque? Quel est
même celui qui, ayant été consulté, voudra faire avec un prince une simple conversation, si le simple fait de conseiller expose à tant de périls, si
on doit regarder comme crime le fait d'avoir fait adopter ce conseil? Et
si, par hasard, ce conseil est stupide, inutile, inefficace, il faudra donc
s'attendre aux châtiments, aux supplices pour expier sa faute! Ce serait
là vraiment une forme nouvelle et inconnue de tyrannie.

J'ai donc réfléchi. Il faut qu'il y ait autre chose, quelque autre motif
qui enflamme son courroux. Vainement j'essayais d'approfondir tout
cela, je ne trouvais rien. Fatigué de ces réflexions, et dans le but de me
délasser un moment, j'ai pris la Sainte Bible, comme c'est mon habitude
en pareille circonstance. En l'ouvrant, je tombe aussitôt sur l'histoire de
Jézabel, et justement sur le mot que le Prophète Michée attribue à
Achab : « *Je le hais parce qu'il ne me prophétise rien de bon.* » Emerveillé
du hasard d'une prophétie si inattendue, je me rappelle que j'ai écrit au
Sénéchal : « J'ai trouvé, en compulsant les Prédictions relatives à la naissance de Bourbon, que cette année même vos armées seraient déçues
dans leurs espérances et que Bourbon serait vainqueur. » Je n'ai pu
m'empêcher de rire, mais d'un rire sardonique, et je me suis dit à moi-

_____

(1) Louise de Savoie.

même : O malheureux Prophète, que vas-tu prophétiser? Tu as souillé
tout le crédit dont tu pouvais jouir auprès de la Reine : voilà l'ulcère,
voilà l'anthrax, le charbon, le chancre appelé vulgairement : « *N'y tou-
chez pas!* » Et toi, imprudent, tu as voulu le cautériser! C'est pour cela,
et après cela, que la fenêtre, le portique, le vestibule, la porte des appar-
tements réservés, celle de la Chambre royale elle-même, ont été ouvertes, et encore à deux battants, aux flatteurs, aux consolateurs, aux détracteurs. La colère s'est emparée du cœur de la Princesse; ses oreilles
deviennent sourdes à tout avis; les paroles que l'on prononce pour te
défendre deviennent un véritable scandale, grâce à sa colère. C'est alors
que j'ai commencé à changer de caractère, à devenir un vrai courtisan.
Désormais mes conjectures ne prédiront que toute prospérité, que succès. Insensé et malheureux que j'étais! Jusqu'ici je n'avais eu cure que
de la vérité toute nue, je n'avais pas appris à flatter les oreilles : c'est
pour cela que j'ai passé tant de temps inutilement au milieu des intrigues
de la Cour. J'ai négligé précisément les choses qu'il aurait fallu apprendre
de préférence. Je savais que Bourbon était un ennemi, un *ennemi* de
guerre, mais je ne savais pas que ce fût un homme si exécré, plus que ne
le furent autrefois les Telchines, les Illyriens, les Thessaliens, tous peuples nuisibles. Je ne savais pas qu'il fût plus dangereux que les maudites
Amazones; je ne savais pas que son nom seul apportait avec lui son
venin. Je ne savais pas non plus que j'étais un astronome salarié, mercenaire, que je n'avais pas le droit d'avertissement, d'énoncer ce que cet
art me dicte et m'inspire, droit qu'il comporte évidemment. Alors se présente à mon esprit l'exemple d'Orinthius, astrologue et mathématicien,
illustre Pharisien. Il avait fait de son mieux pour annoncer des choses
vraies; il en fut cependant puni par une longue captivité. — Que serait-il
donc arrivé, me disais-je, si j'avais vidé le fond de mon sac prophétique?
Sans aucun doute tu te serais précipité dans la flamme pour éviter la
fumée. Ce que tu as dit de Bourbon sans le savoir, les événemennts ne
l'ont que trop justifié, hélas! Que serait-ce si tu avais prédit les **autres**
malheurs, ô bonne foi des Dieux et des hommes! Ne pouvais-tu pas laisser
là cet exemple funeste du prophète Michée? Dis, ne pouvais-tu pas prédire au Roi toute sorte de prospérités? Non comme Balaam, je n'ai pas
su prédire quelque catastrophe devant arriver à Bourbon. Aussi suis-je
l'accusé, le coupable. Je ne nie point que l'Astrologie ne puisse inspirer
des prédictions mensongères à ceux qui prophétisent en son nom ; mais
qui pourrait maudire Balaam, quand Dieu le protège ; qui pourrait maudire celui que le Seigneur ne maudit point? Est-ce que la victoire des
Princes n'est pas dans la main de Dieu? Ce Dieu ne dévoile-t-il pas tout
à coup sa puissance contre ceux qui le négligeaient : ne convainc-t-il pas
de mensonge ceux qui l'avaient offensé outrageusement? Et que suis-je
en comparaison de la Divinité! M'est-il possible d'altérer la vérité? Voilà
ce dont on m'accuse, voilà mon crime, mon attentat; voilà le venin, l'aiguillon, le trait qui a blessé votre Souveraine, qui a ulcéré son âme, gan-
gréné la plaie. Oui, je suis le coupable; je suis, — tout le fait voir, —
un partisan de Bourbon; je suis l'ennemi de l'Etat! Si je suis Bourbonniste, la plupart des généraux de ce grand Duc pourront l'attester. Ils

vous diront, ces grands personnages, que, lorsque j'ai quitté Fribourg en
Suisse, ils se sont efforcés de me gagner à sa cause, et qu'ils ont employé
dans ce but les prières les plus instantes, les plus séduisantes promesses. Ce que je leur ai répondu, ce que j'ai fait, pourront le certifier et
quelques capitaines de ce même Duc, et ces nobles commandants d'Illens,
mes compatriotes. Ils voulaient prendre le parti de *Bourbon*, je les lui ai
soutirés avec quatre mille fantassins bien équipés : je les ai poussés du
côté du Roi. En cela j'ai exposé toute ma fortune et j'ai contracté des
dettes onéreuses. Maintenant, pour salaire de tous ces services, après que
les nôtres ont été taillés en pièces, un de mes compatriotes ayant disparu, l'autre ayant été grièvement blessé, on ne se souvient plus des traités, des promesses, bien que la loi militaire et des clauses rendues publiques eussent dû sauvegarder nos droits.

Si nous avions suivi le parti de *Bourbon*, nous serions riches de vos
dépouilles et, de plus, enchantés de la victoire. Je n'aurais pas été obligé
de devenir de soldat fortuné que j'eusse été, le médecin besoigneux de
votre Souveraine. Si j'ai agi avec une telle imprudence, c'est que j'espérais que, grâce à la bienveillance qu'elle m'avait promise, je pourrais me
faire une place dans la faveur du Roi. Mais le Roi, jusqu'ici, a oublié un
absent. Votre Souveraine, pour le parti de laquelle j'ai tout abandonné,
parce que je l'ai avertie avec un peu trop de franchise des malheurs qui
menaçaient, n'a pu supporter qu'on lui dise la vérité, maîtriser sa colère.
Elle me méprise d'ores et déjà, me renie, me repousse, me chasse. L'in-
fernale méchanceté des détracteurs triomphe des services rendus et moi
qui, abandonnant *Bourbon*, me suis moi-même démuni de tous mes biens
pour venir en aide au Roi, lui être utile de toutes mes forces, je suis un
Bourbonniste ! Mais ne sont-ils pas des Bourbonnistes renforcés, ces liè-
vres timides, ces fugitifs, ces déserteurs, qui ont laissé *Bourbon* faire leur
Roi prisonnier ; qui, à la seule vue de l'ennemi, alors qu'ils étaient sans
blessure, avaient encore leurs armes, tout ce qui leur était nécessaire, se
sont sauvés dans leur patrie ? Et c'en était fait du royaume de France si
Dieu n'eût eu pitié de vous. Eh bien, allez maintenant vous prosterner
devant ces interprètes des cieux, ils vous diront ce qui doit vous arriver.
N'est-ce pas le Dieu des armées qui a eu pitié de vous ? N'a-t-il pas permis
que, le Roi devenu prisonnier, votre malheureux pays fût sauvé par la main
d'une femme ? De même qu'en Israël au temps de Débora, les hommes
faisant défaut, une femme a pris les rênes du pouvoir et l'a dirigé avec
tant de prudence et de fermeté à la fois que Sémiramis et Athalie ne firent
pas mieux autrefois. Or, ceci est à la louange singulière de votre Souveraine, suivant l'expression de l'Ecriture, et c'est en même temps une
honte insigne pour tous les grands personnages de France, en même
temps qu'un malheur pour le peuple et pour le Royaume, qu'il ne ce soit
pas trouvé un Prince digne de prendre le Pouvoir. C'est encore une
gloire pour votre Souveraine de n'avoir pas eu besoin de conseils quand
les hommes sages manquaient, que les hommes courageux fuyaient le
théâtre de la guerre pour se cacher sous un vêtement féminin. Que l'on
ne vienne pas me citer comme donneur d'excellents conseils cet orateur
ventru et criard ! Ses conseils, ses avis, ils sont, comme ceux de la Sibylle,

dans son ventre, sa vertu est dans les plats, et ce n'est certainement pas le casque du salut qui est sur sa tête. Quant à ce qui arrivera dans la suite, je me tais et le conserve au plus profond de mon cœur.

Vous voyez, cher Chapelain, comment je suis prophète. Si quelqu'un veut me donner le don de la divination, je consens à passer pour le Pontife des Augures. En somme, je hais tous ces *Babouins*, tous ces bouffons et ceux qui leur ressemblent. Je déteste leur orgueil, leur envie, leurs calomnies, leur fausseté, leurs flatteries, leurs flagorneries, toutes les formes enfin sous lesquelles se produisent les vices des courtisans. Il me suffit de savoir que c'est, non par ma faute, mais par le crime des autres que je suis banni. N'est-ce pas un crime que le fait de ces lâches polissons qui m'ont livré au courroux de la Reine, m'ont forcé à me moquer de cette princesse dont j'étais autrefois le favori, qui maintenant me hait, me traite de lâche, d'inerte, d'inutile, — je dirai mieux, — me regarde comme un ennemi d'Etat? Moi, de mon côté, qui regardais ses promesses jusqu'à ce jour comme autant d'oracles, j'ai appris qu'à toutes ses paroles, à toutes ses promesses, à ses écrits, à ses lettres, à sa signature, il ne faut ajouter aucune confiance, car elle n'agit que d'après les instigations de ces scélérats. J'avouerai pourtant que c'est une excellente Princesse, mais qu'on doit redouter chez elle la légèreté de son sexe qui la laisse exposée à l'influence pernicieuse des courtisans, ce fléau des Princes. Du reste, ce que j'avais appris autrefois dans l'étude de l'histoire ancienne, j'en ai fait l'expérience moi-même et pour moi-même j'en ai reconnu la vérité, à savoir que les Princes sont les plus ingrats des hommes, qu'ils n'aiment personne sincèrement, qu'ils n'agissent que d'après leur caprice ; qu'ils n'ont pitié d'aucun malheur, pas même de la mort affrontée et subie pour leur compte ; bien plus, que souvent ils affligent ceux qui leur ont rendu service, que non seulement ils ne songent pas à leur en avoir de la reconnaissance, mais qu'ils les accablent encore d'injustices, les proscrivent quelquefois, leur enlèvent leurs biens et même la vie, comme c'est arrivé dernièrement, au vu et au su de tout le monde, pour le Baron de Samblançay (1). Je pourrais vous placer encore sous les yeux des exemples plus récents de cruauté, si la vérité sur ce point pouvait être aussi peu dangereuse qu'elle est évidente.

En conséquence, nous aussi ne sommes-nous pas autorisés à n'aimer des Princes de ce genre que si nous y trouvons notre intérêt, de n'avoir confiance en eux que d'après les bienfaits que nous en avons déjà reçus? Il ne faudra point s'affliger de leurs malheurs, mais s'en réjouir : c'est la main du Seigneur qui les frappe. Et moi aussi, cher Chapelain, je me réjouirai un jour au souvenir de tout cela. Un jour arrivera où les astres nous seront plus favorables, où les constellations qui nous sont maintenant contraires nous seront plus propices. Il est arrivé souvent que le désespoir a suscité l'espérance et c'est la critique qui enflamme le génie.

(1) J. de Samblançay (J. de Beaune, baron de), surintendant des finances sous Charles VIII, Louis XII et François Ier (1465-1527), fils d'un bourgeois de Tours. La duchesse d'Angoulême, qui le haïssait, le fit accuser de concussions et condamner à mort : il fut pendu en 1527.

Les cœurs vaillants ne sont point aussi encouragés, relevés par les combats, heureux que par les défaites ; c'est le désespoir qui rallume leur courage. Jusqu'ici je n'ai combattu que comme soldat mercenaire ; dorénavant je combattrai comme soldat affranchi, dorénavant vous me verrez combattre avec plus d'ardeur, parler avec plus de verve. Soyez indulgent pour ma colère ; il n'est animal si débonnaire que la colère ne mette hors de lui. Croyez-le bien, si je ne connaissais parfaitement votre haute impartialité, je me garderais bien de vous écrire avec tant de liberté, liberté qui, dans le cas contraire, serait dangereuse pour moi. Vous savez que, pour une âme ulcérée, il n'est pas de consolation plus grande que d'avoir un ami avec lequel on peut s'entretenir comme avec soi-même. Or, vous êtes pour moi un ami tel que je sais bien que ma sécurité vous est aussi à cœur que votre propre sécurité. A vous seul vous êtes plus pour moi que la Cour tout entière de la Princesse. Du reste, tranquillisez-vous. N'allez pas intercéder encore pour moi auprès de votre souveraine, et n'essayez pas d'adoucir son inflexible courroux. Que le Sénéchal, s'il le veut, s'occupe de le faire. C'est lui qui, bien qu'il n'y ait pas de sa faute, a été la cause inconsciente de tout cela. Je vous supplie en outre de ne pas à l'avenir m'adresser vos lettres avec cette suscription de Conseiller ou de Médecin de la Reine ; je déteste ces titres et je condamne l'espoir que j'en avais conçu ; je reprends la parole et le dévouement que je lui avais jurés. Je suis résolu de la considérer à l'avenir non comme ma Souveraine (elle a cessé de l'être), mais comme une Jézabel cruelle et perfide.

N'ai-je pas raison, si son esprit est plus accessible aux calomnies des envieux qu'à la crainte de m'offenser, si la méchanceté des médisants a tant de puissance sur elle que la vérité et la vertu lui deviennent un objet de mépris, si elle récompense par de la haine de longs et de fidèles services, si elle juge que de bons offices sont indignes de récompense ; si elle retire son appui, ses secours, sa bienveillance à un homme qui est devenu pauvre pour elle ? Prenons pour arbitre un homme probe et impartial et qu'il juge ! Sans aucun doute, il convaincra ces gens perfides de méchanceté ; quant à moi, il ne pourra m'accuser que de malchance.

Adieu, très cher. Vous saluerez pour moi *Lefebvre*, *Cop* (1) et *Budée* (2), ces Patriarches des Lettres et de la Sagesse, ainsi que tous ceux qui m'aiment. Je leur souhaite à tous bonne santé et toute sorte de prospérités. Quant aux autres courtisans, que les Dieux les damnent ! Je déteste également et les Princes et les Cours. Adieu encore une fois. Ma chère épouse vous salue aussi, cette compagne éprouvée et fidèle de ma bonne et mauvaise fortune.

---

(1) Médecin du roi.
(2) Guillaume Budée, l'hélléniste du Collège de France et conseiller de François premier, était l'ami et le protecteur naturel de tous les hellénisants. L'impétueux jeune moine cordelier qu'était Rabelais en 1524 et son camarade Pierre Amy en savaient quelque chose aussi bien qu'Agrippa.

XLIII

Un ami à Agrippa.

Montluel, fin 1526 ou commencement de 1527.

Salut mon cher et fidèle parent. Il est temps, et l'occasion est favorable, il faut nous venger de la perfidie des Français qui nous ont indignement joués. Aussitôt que vous aurez vu la présente, préparez-vous à voyager, à venir me rejoindre avec le jeune serviteur que je vous envoie. Il faut vous rendre aussitôt que possible au camp de l'Empereur; il faut y voir *Bourbon* pour qui vous serez un messager très agréable. Ici, on vous expliquera le reste de vive voix.

Adieu. En mon nom et en celui de mon épouse, dites mille choses aux capitaines *Claude, Othon, Jean, François* (1), vos frères Germains et mes cousins.

Fait auprès du Mont des Légions (2).

XLIV

Au très illustre Prince duc de Bourbon, au noble général de l'armée impériale en Italie, Henri Cornélis Agrippa, salut.

Lyon, 26 février 1527.

Illustre Prince, l'affaire que Votre Altesse m'avait confiée demandait beaucoup de temps, mais j'ai pu déployer assez de zèle et de diligence pour la terminer rapidement. Si, sur quelques points, je n'ai pu agir suivant vos désirs et selon ma volonté, la faute ne doit pas m'en être attribuée, mais bien à la précipitation des événements et à la négligence des vôtres. Cependant l'affaire est maintenant dans un tel état que nos soins et notre temps ne sauraient avoir été entièrement perdus. Vous me pardonnerez donc, et voudrez bien considérer, non pas tant ce que j'ai pu que ce que j'ai voulu faire. Veuillez m'écrire le plus tôt possible ce que vous désirez que je fasse après cela, et, dès que j'aurai terminé de quelle manière, il me faudra diriger le reste des négociations. En attendant, je déploierai tous mes efforts, et j'en mourrai, ou je mènerai à bonne fin ce

(1) Les frères d'Illins, dont la deuxième femme d'Agrippa était parente.
(2) C'est probablement *Montluel* près de Lyon. Le texte latin du correspondant d'Agrippa dit : « *apud montem Legionum, sive, ut vulgo vocant Montlaï.* » — Il y a aussi une localité anciennement nommée *Mons-Illins* dans l'Isère, qui s'appelle aujourd'hui *Luzinay*.

que Votre Altesse souhaite avec tant d'audace. Pour moi, je veux non
moins vivement réaliser votre désir, surtout contre de semblables ennemis. Je vous rends mille actions de grâces pour la charge que Votre
Altesse m'a offerte : quant à moi, maintenant, la paix est dans les camps,
la guerre et ses désordres dans les livres. Je ne puis me rendre auprès de
vous; vous en apprendrez les raisons par ce courrier, mon parent (1), par
lequel, avec l'explication demandée, je vous transmets mon avis. Que
comptez-vous faire en dernier lieu? Adieu.

XLV

Agrippa au connétable de Bourbon.

Lyon, mars 1527.

Très-illustre Prince, j'ai reçu votre messager avec vos lettres de créance.
J'ai compris votre pensée; je m'en suis réjoui et je vous en rends grâce.
Laissez-moi vous louer de ce que vous avez su prévoir les mouvements de
l'ennemi, et que, devançant leurs desseins, vous les avez prévenus. Mais
rappelez-vous que, dans cette lutte, vous avez besoin non pas tant de troupes et d'armes contre les adversaires que de talent et d'habileté contre la
fortune. A ce sujet, tout ce que je puis vous dire, le porteur de la présente vous l'indiquera, ainsi que beaucoup d'autres choses, pour lesquelles je vous prie d'avoir confiance entière en lui comme en moi-même, de
même que vous m'avez dit de m'en remettre à lui pour les ordres de Votre
Altesse.

La puissance des ennemis n'est nullement à redouter; elle repose sur
une union fragile d'étrangers, union qui se dissoudra d'elle-même. Les
destins annoncent leur désastre et leur ruine prochaine. *Ces murailles
superbes, vous les verrez bientôt tomber après quelques jours de siège.* Courage
donc, vaillant Prince, général que les destins réservent pour une si
grande victoire. Point de retard; continuez rigoureusement ce que vous
avez commencé avec succès; avancez intrépidement, combattez brave-
ment; ayez au premier rang de l'armée l'élite des soldats. La faveur
céleste est pour vous; le Dieu vengeur vous protégera dans une guerre si
juste; ne craignez rien, puisque la gloire et le triomphe le plus éclatant
vous sont réservés. Adieu.

XLVI

Agrippa à son ami Chapelain.

Anvers, 25 juillet 1528.

Salut, cher Chapelain, le Seigneur Dieu est plein de longanimité et de

(1) Un d'Illins.

patience pour amener les pécheurs à la pénitence, eux qui, suivant la dureté de leur cœur, méprisent sa bonté, mais ne pourront éviter son jugement. Il vient de périr, le Naboth *de Bourbon* (1), et l'impie Jézabel (2) s'est emparée de sa vigne. Vous savez qu'elle a secrètement fait mourir les Prophètes, hommes justes, et à combien d'autres elle a infligé les tourments de la faim et de la soif, dans les tribulations et les embûches. Vous savez le supplice malheureux de Samblançay ; de quelles grâces en retour on a payé celui qui, tant de fois, avait exposé pour eux sa foi, sa réputation, toute sa fortune et même sa vie. Vous savez quelle tragédie a suscitée notre Epître catholique à un ami ; comme Elie de Thesbite, je suis devenu odieux à Jézabel pour la cause de la vérité et de la justice et l'on a cherché ma mort. Mais l'ange du Seigneur m'a prémuni et m'a délivré de la méchanceté de cette femme. Il ne reste plus qu'à voir la chute de cette Jézabel, son corps mangé par les chiens et la ruine de tous les adorateurs de Baal. Prenez donc garde, évitez à temps la société des méchants, de peur que la main de Dieu ne vous frappe aussi et que vous ne périssiez avec ceux qui souillent la muraille, alors que Jéhu viendra frapper la maison de votre Achab et punir la cruelle Jézabel du sang de l'innocent et des serviteurs de Dieu. On dit que *Baboinus* (3) Lycaon a uni ses enfants aux bâtards de Méduse, pour ne faire qu'une chair et qu'un corps avec elle. Prenez garde d'en être dévoré. Au reste, vous savez ce que vous m'avez promis, et montrez-vous fidèle en me le remettant le plus tôt possible. Portez-vous bien.

XLVII

Un ami à Agrippa.

Cambrai, le 30 juillet 1529.

N'ayant pas pu, à cause de la grande quantité de pluie qui est tombée, voyager rapidement, je ne suis pas encore entré à la Cour, car je suis arrivé trop tard sur le soir. Le lendemain, je me levais lorsqu'arriva le courrier des mains duquel vous recevrez cette lettre. Un grand nombre de gens disent que toutes les clauses de la Paix devant aboutir aux Mariages sont arrêtées ; d'autres prétendent qu'il n'y a encore rien de définitif ou même d'avancé. La venue du Roi en cette ville est douteuse. Nous resterons ici (telle est l'opinion de tout le monde) bon nombre de jours. J'espère vous écrire plus longuement.

Il nous est venu de Paris un certain personnage d'une intelligence épaisse, de la main duquel je tirerai tout ce que je pourrai avoir. Je vous

(1) Le connétable fut tué sous les murs de Rome le 6 mai 1527.
(2) Louise de Savoie.
(3) Barguin. Voir p. 89, la lettre du 3 nov. 1526 à Jean Chapelain, où il dit haïr tous ces « *babouins* ».

7

l'enverrai ; rendez-moi la pareille, je vous en prie, afin que nous combattions résolument et efficacement la mauvaise Fortune. Ecrivez-moi, si vous avez quelque chose à me dire. Ce porteur de caducée portera mes salutations à votre illustre épouse.

Adieu.

XLVIII

Agrippa à Guillaume Furbity, son parent.

Anvers, 1529 (1).

Plût à Dieu, cher parent et ami, que je n'eusse que de bonnes nouvelles à vous annoncer et que je ne fusse pas forcé de vous en annoncer de tristes, de déplorables, de navrantes. Pendant longtemps, le coup qui me frappe m'a empêché d'écrire ; je suis perdu, je suis mort, fini, complètement fini. J'ai perdu, aurai-je le courage de le dire ? j'ai perdu celle qui m'adoucissait l'amertume de mes labeurs ; j'ai perdu mon épouse chérie. Hélas ! elle est perdue pour moi, elle est morte, mais elle vit assurément dans l'éternelle Gloire.

Vous savez, mon cher Guillaume, qu'aussitôt après Pâques elle tomba très sérieusement malade ; sa maladie était accompagnée de tout un cortège de maladies secondaires. Je n'ai pas voulu que rien lui manquât ; on a employé tous les remèdes, tous les médecins, tous les garde-malades nécessaires. Ni l'argent, ni les soins, ni les consolations de tout genre ne lui ont manqué. Trois fois elle est entrée en convalescence ; trois fois elle a rechuté, trois fois elle a été ramenée à la santé. Pendant un mois presque tout entier, elle a paru jouir d'une bonne santé ; elle vivait joyeusement au milieu de l'abondance, car la Fortune nous souriait de toutes parts ; ma maison renouvelée et plus opulente s'augmentait de jour en jour et s'embellissait d'un mobilier nouveau. Voici que tout à coup, le lendemain de la Saint-Laurent, elle fut saisie d'un grosse fièvre pernicieuse, avec abcès dans l'aine : aussitôt on emploie tous les remèdes nécessaires ; rien de ce qu'on pouvait faire tant à l'intérieur qu'à l'extérieur ne fut épargné ; les gardes et le service furent doublés ; ni pendant le jour, ni pendant la nuit, je ne me suis jamais éloigné d'elle, pas même d'un pas ; personne n'a voulu la quitter, tant tout le monde l'aimait ; vers le quatrième jour se manifesta même un mieux sensible ; mais, hélas ! aucun remède n'a abouti et le septième jour, le 7 août, vers neuf heures du matin, après beaucoup de souffrances, mais conservant son intelligence tout entière, sa confiance en Dieu inébranlable, elle a rendu saintement le dernier soupir en notre présence. Aussitôt la violence du mal marbrait de taches énormes toute la surface de son corps.

(1) Après la mort de sa deuxième épouse à Anvers, pendant l'épidémie. Jeanne Loyse mourut le 7 août 1529.

Elle est morte. Immense est ma douleur! Comment réparer cette perte? Que vont devenir mes pauvres petits enfants ? Les regrets de tous ceux qui la connaissaient l'ont accompagnée. Elle n'avait que 26 ans moins 23 jours. Elle fut toujours et partout chérie et respectée par tout le monde à cause de ses nombreuses vertus, de sa pureté extraordinaire. Elle a vécu huit ans moins un mois avec moi, vous le savez, et toujours dans l'union, dans la concorde la plus profonde ; jamais brouille entre nous n'a duré plus d'un jour. Elle a supporté héroïquement avec moi toute ma mauvaise fortune, la pauvreté, l'exil, la fuite, les dangers. Déjà nous avions surmonté tous les obstacles et nous devions désormais vivre d'une vie heureuse et tranquille. La princesse Marguerite (1) elle-même la recherchait déjà à cause de sa réputation si répandue d'honnêteté. Elle avait déjà entre les mains beaucoup d'occasions d'acquérir et la fortune et les honneurs. Mais à quoi bon tout cela? Si elle eût vécu seulement deux heures de plus, elle aurait vu qu'on nous proposait une nouvelle affaire des plus lucratives. Rien ne nous aurait manqué de ce qui fait le bonheur ici-bas, si seulement elle eût vécu. Elle est morte, ô douleur, morte pour moi, emportant avec elle tout mon bonheur; tout mon courage est tombé, mon âme anéantie; ma vie elle-même est encore exposée à la contagion ; il ne me reste plus personne pour me consoler.

Ma maison est confiée à la surveillance d'une servante et d'Hercule, surveillance insuffisante. Mes fils, placés dans une maison voisine avec une jeune servante nommée Marie, ont été congédiés quelques jours après à cause de l'inconduite notoire de celle-ci ; ils sont forcés de chercher gîte ailleurs. Je suis avec un seul domestique et il est malade, couché dans une auberge quelconque. Je reste isolé, nuit et jour, pleurant ma bonne et chère femme, me consumant dans la douleur. Je reçois tous les jours la visite d'Augustin (2) et d'Aurélien (3) qui ne nous ont jamais abandonnés ni moi ni ma femme, dans tous les malheurs, dans tous les dangers, au milieu même de la peste qui sévit. Voilà, mon cher parent, le récit de la mort lamentable et tragique de ma chère épouse, de la catastrophe qui me frappe. Je vous l'ai décrite aussi succinctement que possible dans un style funèbre. Oh ! plût à Dieu que vous eussiez été là ! Quel soulagement votre présence ne lui aurait-elle pas procuré ! Combien de fois ne vous a-t-elle pas réclamé, invoqué, exigé ! Elle m'a prié de vous transmettre son dernier adieu, de vous écrire tout ceci, afin que vous intercédiez pour elle auprès de Dieu. Du reste, dès les premiers jours de sa maladie, elle fit le vœu d'aller en pèlerinage à Saint-Claude. Elle vous a chargé de vous en acquitter pour elle, vous suppliant à mains jointes que, lorsque vous aurez le bonheur de revoir votre patrie, ou de passer dans le voisinage de ces lieux saints, vous vous détourniez un peu de votre route pour aller vous prosterner dans ce sanctuaire ; que vous y fassiez pour elle de saintes prières et qu'ayant même offert les images de cire vous la délivriez de son vœu. Moi-même, je me joins à elle pour vous

(1) Marguerite d'Autriche, gouvernante des Pays-Bas au nom de Charles-Quint.
(2) Augustin Fornari.
(3) Aurelio d'Aquapendente, moine augustin à Anvers.

faire les mêmes recommandations pour ce vœu, et, si je vis, je ferai aussi un pèlerinage semblable. De plus, je voudrais que, pour cette chaîne d'or dont vous deviez lui faire cadeau, vous en réserviez le prix pour des offices ou de bonnes œuvres, ce sera le meilleur emploi.

Il reste beaucoup de choses, cher Furbity, que nous devrions traiter, et examiner ensemble. Comment disposerai-je du peu de vie qui me reste? Que ferai-je de mes malheureux enfants? Toutes les autres questions peuvent être résolues par lettres; mais celles-ci réclament votre présence. J'ai bien ici, il faut le dire, des amis fidèles qui veillent à mes nombreux et divers intérêts; mais ma confiance pleine et entière ne repose qu'en vous seul. Du reste, ce sont les recommandations dernières de mon épouse expirante: elle me recommandait de n'agir dorénavant que d'après vos conseils, de vous prendre comme conseiller pour moi-même et comme tuteur de mes enfants. Je m'attache donc fermement à ses dernières volontés et j'aspire au moment où il me sera permis d'user de vous. Il me reste encore beaucoup de choses importantes à vous communiquer, cher Guillaume, mais il n'en est pas l'heure. Tâchez donc de m'écrire aussitôt si vous devez venir nous voir quelque jour. Je n'ai pas répondu aux quelques dernières lettres que vous m'avez fait tenir par *F. Jacob Chalcus.* Je me suis trouvé pas mal de temps absent. Etant allé à Malines (1), je les ai tardivement reçues; en second lieu, la maladie de ma femme bien aimée m'a tellement troublé que je n'ai pu vous répondre. Du reste, ma personne, tout ce qui est à moi, tout est perdu. Il ne peut y avoir désormais de bonheur, d'agrément dans ma vie depuis la perte de ma compagne chérie. Elle me maintenait seule; seule elle était la consolation de ma vie, me conciliait l'amitié de tous, m'aidait en tout.

Adieu. Priez l'Eternel pour moi-même, priez-le ardemment pour le salut de ma chère épouse, votre parente, quoique je sois cependant bien loin de douter de son salut. J'en doute si peu que je la supplierai d'intercéder pour moi pieusement et assidûment auprès du Christ. Encore une fois, adieu.

XLIX

Agrippa à Guillaume Furbity.

Anvers, 4 octobre 1529.

Je vous ai déjà envoyé trois lettres, très-respectable parent, pour vous faire connaître l'irréparable malheur qui m'a frappé, la déplorable mort de ma femme bien-aimée, celle d'Hercule et de Marie (2), la dangereuse maladie qui affecta mon serviteur et ma servante tout à la fois. Mes enfants et moi nous sommes seuls encore sains et saufs.

(1) Agrippa avait des malades de marque à soigner à Malines et à Louvain.
(2) Deux serviteurs d'Agrippa, morts de la peste d'Anvers.

L'épidémie redoutable a subitement envahi la ville ; les morts sont très nombreux ; peu en échappent. Maintenant, je demeure hors de l'auberge, chez *Augustin Fornari*. J'ai sauvé déjà beaucoup de monde de ce fléau inconnu. *Pierre Billard* vous apprendra de quel remède je me sers. J'ai la plus grande confiance en lui, dans le cas où (puisse cela ne pas arriver !) vous ou quelqu'un des vôtres viendriez à être atteint du fléau, usez-en, car je ne doute pas que le mal ne pénètre dans toute la France. D'ailleurs, je ne sais pas trop ce qui m'attend.

Je suis appelé auprès du Roi d'Angleterre à de bonnes conditions, mais cela ne me convient guère. Le chancelier de Sa Majesté l'empereur me promet, si je veux aller à la cour impériale, de me pousser à tous les honneurs. Déjà *Augustin* (1) a reçu des lettres d'un certain Marquis (2), qui m'a connu autrefois, et qui, avec force prières et promesses, m'appelle en Italie ainsi que toute ma famille. Ici, à la cour de la princesse Marguerite, une position honorable m'est offerte, mais elle me paraît trop peu rétribuée. Je ne sais à quel choix me décider, et ne puis du moins encore rien résoudre. J'aimerais mieux vivre en liberté que de me mettre au service de quelqu'un. Ce ne sont pas mes goûts, mais les intérêts de mes enfants et ce qui peut leur être utile que je dois consulter. Dites-moi votre avis à ce sujet. Que ne puis-je vous entretenir non pas seulement par lettres, mais de vive voix : j'aurais beaucoup de choses à vous dire que ne peut contenir une lettre.

Adieu, très-cher. Je vous recommande de supplier Dieu dans vos saintes prières pour le salut de ma femme bien-aimée, votre parente. S'il arrive quelque chose, vous en serez instruit par le porteur des présentes, *Pierre Billard*. Je vous prie de m'écrire bientôt, et donnez-moi des nouvelles sur tous les points. Encore une fois adieu ; que Dieu vous conserve la santé et le bonheur.

L

Agrippa à l'archevêque de Cologne.

Malines, janvier 1531.

A l'honorable Père dans le Christ et très-haut prince, Hermann, comte de Wied, par la grâce de Dieu archevêque de Cologne, électeur du Saint-Empire romain, archichancelier en Italie, duc de Westphalie et d'Engern, etc. ; né légat de la Sainte Église Romaine et vicaire général in pontificialibus, Henry Cornelis Agrippa de Nettesheim souhaite bonheur et salut.

La renommée de Votre Altesse est si grande, honoré et très-haut Prince, si grand est l'éclat de votre vertu, de votre savoir et de votre attachement

(1) Augustin Fornari, de Gênes, qui avait de hautes relations et avait des comptoirs à Anvers.
(2) Le marquis de Montferrat.

pour les meilleures des sciences, uni à votre sagesse, à votre éloquence, à
votre fermeté religieuse et au plus noble caractère, que vous planez de
bien haut au-dessus des hommes ordinaires ; sans parler de votre noble
origine, votre richesse, vos propriétés étendues, votre valeur spirituelle,
votre beauté et votre force corporelle.

Mais, par-dessus tout, j'estime vos héroïques et éclatantes vertus, dont
l'influence est si grande que plus on est soi-même instruit et ami de la
vertu, plus on met de zèle à gagner vos bonnes grâces. Aussi me suis-je
donné comme but de travailler à un si grand honneur, mais à la façon
des Parthes, c'est-à-dire non pas sans une offrande. Cette manière de
saluer un prince s'est conservée, depuis les temps les plus reculés jusqu'à
nous et aujourd'hui on l'observe encore. J'ai vu d'autres savants offrir à
Votre Altesse princière de magnifiques présents de leur savoir ; j'aurais donc tenu comme un manque de respect à votre égard, si j'avais osé
m'approcher de vous les mains vides. Mais, en me demandant quel présent je pourrais offrir à un aussi excellent prince et en cherchant dans
ma bibliothèque, j'aperçus sur un rayon mon travail sur *la Philosophie
occulte*, que dès ma jeunesse j'avais entrepris d'écrire, mais que je n'a-
vais pas fini, et que, depuis bien des années, j'avais presque oublié. Je
m'empressais alors de terminer ce livre, car je croyais ne pouvoir rien
offrir de plus agréable à Votre Altesse princière qu'un travail nouveau sur
la plus ancienne et la plus secrète des sciences, dont le rétablissement
n'avait jusqu'ici été tenté par personne.

Toutefois je ne vous dédie pas cette œuvre comme si elle était digne
de vous, mais afin qu'elle m'ouvre le chemin de votre bienveillance. Que
ce me soit auprès de Votre Altesse une excuse de la prier que ces études
de mon jeune âge puissent arriver au public sous ses hauts auspices. Je
voudrais que, malgré mes envieux, ce travail ne tombât pas dans l'oubli ;
il contient beaucoup de choses qui, dans mes années plus avancées, m'ont
paru utiles, nécessaires même à connaître. Votre Altesse reçoit ainsi la
dédicace non seulement d'un labeur de ma jeunesse, mais encore celui de
mon âge présent, car j'y ai corrigé bien des défauts ; j'y ai ajouté nombre
de choses en certains endroits ; j'y ai intercalé bien des chapitres, ce qu'il
est, à la différence du style, facile de reconnaître.

Avec l'assurance que je serai toute ma vie au service de Votre Altesse
princière, je me recommande au plus heureux des princes de l'heureuse
Cologne.

LI

Agrippa à Erasme.

Bruxelles, janvier 1531.

La lettre que vous m'aviez adressée, vénérable Erasme, le 13 des calendes d'octobre, je l'ai reçue le cinq avant les nones de novembre. C'est à

peine si l'on pourrait exprimer et, si on le faisait, vous auriez difficulté de croire quelle joie incomparable elle m'a causée quand j'y ai vu avec quelle bonté singulière vous avez daigné me louer, m'illustrer, moi qui suis encore pour vous personnellement un inconnu. Mais ce n'est pas tout, votre bonté à mon égard dépasse toutes mes espérances. Vous me promettez de lire ma *Déclamation sur la Vanité des Sciences* et celle sur *l'Excellence de la Parole de Dieu*, d'un bout à l'autre.

Vous me promettez de vous étendre longuement dans une appréciation de ce traité. Eh bien ! faites-le, je vous en supplie, cher Erasme, ne refusez pas ce petit travail à votre cher Agrippa. Dites-moi ce que votre science pense à ce sujet. Je vous appartiens, en effet, je m'engage, sous la foi du serment, comme soldat sous vos drapeaux. Je me livre tout entier à vous. Votre jugement sera toujours pour moi comme dicté par une autorité antique et vénérable. Ma confiance en votre bonté est assez grande pour croire que vous tiendrez compte de ma franchise, de la liberté avec laquelle j'y proclame la vérité. Vous savez, en effet, ce que c'est qu'une déclamation ; mais je veux vous avertir que, en ce qui a trait à la question religieuse, je ne pense pas autrement que l'Eglise catholique.

J'ai retenu quelques jours auprès de moi le prêtre *Andréas*, qui m'apportait votre lettre. C'est un homme pieux et modeste, que ses propres mérites me recommandaient, outre votre bonne lettre. Puissé-je être l'homme capable de satisfaire ses aspirations ! Puissé-je être un jour tel qu'il me juge ! Adieu, très cher ami ; sachez qu'il ne peut rien m'arriver de plus agréable que si mon âme, qui vous est dévouée tout entière, est reçue avec une bienveillance aussi grande qu'elle se donne, par la vôtre. Encore une fois adieu.

De cette Cour Impériale, marâtre des belles-lettres et des vertus, 1531.

LII

Eustache Chapuys (1) à Agrippa

Londres, 26 juin 1531.

Au très savant et très honorable homme Henri Cornélis Agrippa, son ami le plus dévoué Eustache Chapuys, salut.

Puisque la Fortune, notre genre de vie, ou même la carrière différente que nous suivons font, cher Agrippa, que nous ne pouvons pas nous communiquer de vive voix ce que nous désirerions, j'ai pensé que le plus court était d'échanger des lettres de temps en temps. Je suis d'avis qu'il

(1) Chapuys était alors ambassadeur de Charles-Quint en Angleterre auprès d'Henri VIII, et il le fut pendant 17 ans (1529-1546.) Sa correspondance diplomatique originale, complète et scellée de son sceau, est pour partie à *Vienne* en Autriche, pour partie à *Simancas*, petite ville de la Vieille-Castille, où se trouvent les plus précieuses archives de l'Espagne.

est bon d'entretenir, de ranimer cette habitude charmante en nous faisant mutuellement de petits cadeaux sous forme d'épîtres, jusqu'au moment
où le sort nous permettra de nous transmettre réciproquement nos pen-
sées par la parole et non par écrit. Assurément, je ne regarde pas notre
amitié comme si fragile, si chancelante qu'elle ait besoin de cette sorte
d'étai pour la soutenir ; mais je suis d'avis qu'il n'est pas un homme,
pour peu civilisé qu'il soit, capable de nier qu'entre amis ce commerce
épistolaire est, je ne dirai pas indispensable, mais du moins plein de
douceur.

Pénétré de cette idée, je vous écris d'abord brièvement et sommaire-
ment. Plus tard je vous écrirai plus longuement et même plus souvent ;
j'y suis décidé. J'y trouve deux avantages : je vous prouverai d'abord par
là que votre souvenir vit encore intact et inviolable dans mon cœur; or,
je vous somme de me rendre la pareille, ce que vous ferez, je n en doute
pas. Je veux, en second lieu, obtenir quelque chose de peu d'importance,
c'est-à-dire qui ne vous coûtera pas. Assez causé sur le premier point;
passons au second : les opuscules que vous avez publiés, l'un sous le titre
de *Vanité des Sciences*, l'autre sous celui de *la Philosophie occulte,* sont
approuvés généralement par la foule des gens érudits et studieux. Ce
sont des opuscules, oui, si on les mesure à leur épaisseur, au nombre de
leurs pages ; mais, si on les juge d'après l'utilité, d'après la vaste et
profonde érudition qu'ils recèlent, on peut leur appliquer ce que *Martial*
répète souvent à la louange de *Perse :* « Il y a dans le seul livre de Cornélis plus de choses à retenir que dans toute l'Amazonide du léger *Mar-
sus...* » Vous y faites voir toute la vanité des sciences, non pas seulement
de celles qu'on appelle cycliques, mais encore de celles que l'on désigne
sous le nom de mécaniques, de manuelles. Faire la seule nomenclature
de tant de sciences diverses indique qu'il n'y a qu'une intelligence remarquable ou une mémoire heureuse, ou bien encore une alliance de ces
deux qualités qui puisse en venir à bout. Cela ne vous suffit pas; vous
parlez sur chaque sujet de telle façon, cela semble si peu vous coûter que
vous paraissez ne vous être constamment occupé que d'une seule et unique chose (je parle ici seulement d'études libérales, bien entendu). Je ne
dirai point combien il est miraculeux que vous ayez pu en outre avoir
déjà embrassé, à votre âge (1), la connaissance d'une multitude d'autres
sciences si variées.

Que dirai-je maintenant de la *philosophie occulte* dont vous avez dissipé
les ténèbres, sujet que la plupart des hommes avaient désappris. Assez
sur ce sujet ; je craindrais de paraître un flatteur : « *Au Bon vin, il n'est
pas besoin de lierre,*» tel est le proverbe. Je veux seulement vous dire qu'il
faut persister dans la vie intelligente et habile que vous suivez, y persister avec courage. Vous mériterez ainsi l'estime des amis studieux, et ce
genre de veilles vous conduira à coup sûr à l'Immortalité.

J'arrive au véritable sujet de ma lettre. Je le traiterai en peu de mots.
Il n'est pas difficile de voir quel homme vous avez atteint alors que vous
traitez la question du concubinage, surtout parce que vous y insistez. Je ne

_____

(1) Agrippa avait alors (en 1531) à peine 45 ans.

puis nommer le roi (1), qui est persuadé que...,etc... Puisse-t-il comprendre
que ce que vous avez dit est d'autant plus vrai que vous l'avez dit plus
sincèrement, mais sans le viser. Du reste, pour ne pas paraître avoir
changé d'opinion, avoir ainsi parlé à la légère, au hasard, je viens vous
prier instamment d'une chose ; je voudrais que, pour votre considération,
pour moi, pour l'utilité et la tranquillité publiques, vous n'hésitiez pas à
faire, puisque présentement le sort en est jeté, connaître votre manière
de voir et ainsi la confirmer. En cela, vous ferez, croyez-moi, une œuvre
digne d'éloges en même temps que vous vous concilierez le cœur de la
plus reconnaissante des Reines (2). Vous resserrerez étonnamment ainsi
les liens qui nous unissent, quoique vous me soyez déjà bien cher. Si vous
le voulez, personne ne pourra mieux traiter ce sujet que vous. Vous le
ferez du reste, si vous voulez faire quelque chose pour moi ; or, je suis
d'ores et déjà certain que, pour me faire plaisir, vous ne reculerez devant
rien. Faites donc en sorte de ne pas tromper mon attente. Pour que vous
puissiez agir avec plus de certitude et de facilité, pour que vous recon-
naissiez d'où nous viennent les traits, je vous envoie un opuscule, le seul
qui ait osé paraître en faveur du roi. Il en est de nombreux, d'innombrables même, qui ont pris fait et cause pour la Reine. Je ne vous en enverrai cependant qu'un seul, mais, si vous le désirez, j'en ai bien d'autres à
votre disposition.

LIII

Agrippa a Eustache Chapuys.

Bruxelles, août 1531.

Depuis bien des années, j'ai fait l'expérience de votre amitié, illustre
Eustache. J'en ai aujourd'hui une nouvelle preuve plus évidente encore,
alors que, naviguant à pleines voiles sur la mer de l'Envie, alors que j'y
suis ballotté par de terribles tempêtes, vous m'engagez à affronter des
dangers plus terribles encore. Oui, vous m'appelez à une gloire immortelle, gloire à laquelle nul ne peut arriver qu'en s'exposant à de grands,
à de nombreux dangers. Examinez à quel péril vous m'exposez en me
plaçant en face des Universités les plus illustres de France et d'Italie, en
demandant que je devienne l'adversaire des rois les plus puissants, que je

___
(1) Henri VIII.
(2) Catherine d'Aragon (1486-1536), reine d'Angleterre. Elle était fille de Ferdinand V et d'Isabelle de Castille, et épousa en 1501 Arthur, Prince de Galles ; ensuite, en 1514, Henri VIII, qui lui imposa le divorce après 18 ans de mariage pour
s'unir à Anne de Boleyn.

remplace à moi seul les *Roffensis*(1), les *Erasme,* les *Vivès*(2), les *Eckius*(3), les *Cochlée* (4), les *Susgerus,* les *Faber,* etc., en un mot tous les gens stipendiés pour combattre les hérétiques, athlètes autrement robustes que moi, autrement puissants, et que soutiennent encore d'innombrables auxiliaires. Pour moi, je suis si seul que, si je tombe, nul ne me relèvera. Et pourtant, par Hercule, il faut ici un homme solide, difficile à renverser, ne tournant pas au gré du vent, un homme qui puisse acheter au prix de son propre malheur l'infortune publique. Oui, comprenez-vous bien le péril du poste que vous me confiez ?

J'ai parcouru le livre que vous m'avez envoyé ; j'ai vu les décisions absurdes qu'ont entassées à l'envi cette foule d'Universités qui semblent avec un concert détestable s'être donné le mot. On espère ainsi envelopper d'un réseau inextricable de ténèbres la plus brillante des Reines, l'astre le plus brillant de la Patrie anglaise. Associant l'insouciance pour la Religion au mépris de cette haute Majesté, ils veulent, par ces controverses audacieuses, apporter leur torche à l'incendie qu'alluma la faute du Roi. Certes, je n'ignore pas quelles machinations on a employées auprès de la Sorbonne de Paris, ce corps qui a donné aux autres un funeste exemple et les incite ainsi à oser un si grand crime. Je puis à peine me retenir de crier : *Dites-nous, Sorbonniens, quelle est la valeur de l'or en saine théologie ?* Quelle parcelle de piété, de bonne foi, pensez-vous que contienne le cœur de ces gens-là dont la conscience est aussi hypocrite que vénale ? Ils ont livré au poids de l'or des décisions devant lesquelles la Chrétienté tout entière devrait s'incliner. Ils ont souillé, en écoutant les suggestions d'une avarice infâme, la sincérité, la sainteté de conclusions restées pures de toute intrigue à travers les siècles. Et ce qui est aussi honteux, c'est qu'on a vu acheter à beaux deniers comptants les suffrages de nos maîtres, quand l'équité seule devait les dicter. On a osé se rendre favorable par la corruption un arrêt devant lequel tout le monde doit se prosterner, obtenir pour de l'argent des voix que chacun devait donner d'après les seules inspirations de sa conscience. Et vous exigez que je me mette en lutte ouverte contre toute cette bande de courtisans, que je déploie l'étendard, que je combatte contre de telles gens ; personne, ajoutez-vous, ne peut, si vous le voulez bien, traiter plus heureusement ce sujet, comme si je ne m'étais pas déjà assez attiré de haine de la part des Théologiens et des Scholastiques par la publication antérieure de mon traité *Sur la Vanité des Sciences,* à tel point que, dans les Universités, dans les Cours, dans l'univers entier en un mot, j'ai beaucoup moins d'amis que d'ennemis. Grâce à ces derniers, l'Angleterre est pour

(1) Fisher (I.), théologien, évêque de Rochester, chancelier de l'Univ. de Cambridge (1455-1535), qui s'opposa courageusement au divorce d'Henri VIII, fut décapité en 1535.

(2) Vives (J.-F.), savant littér. de Valence en Espagne (1492-1540), fut professeur à Oxford et dut quitter l'Angleterre pour avoir blâmé le divorce royal.

(3) *J. Eckius,* chancelier de l'Université d'Ingolstad, adversaire de Luther (1486-1543).

(4) Cochlée (I.), théologien, fougueux antagoniste de Luther, à Nuremberg (1479-1552).

moi peu sûre, la France hostile. Peut-être de notre Empereur lui-même je ne recevrai que son indignation pour prix de mon courage lorsque j'aurai droit d'espérer sa reconnaissance comme prix de mes bons offices. Voilà le salaire que me paient vos maîtres pour avoir mis ma meilleure littérature à leur service, pour avoir longuement et péniblement travaillé pour eux. Oui, je suis né sous un astre bien dur, puisque je ne retire qu'ingratitude des Princes que je suis appelé à servir.

N'allez pas croire pourtant que je dise cela pour refuser l'office dont, dans votre extrême confiance en moi, vous voulez bien me charger. N'allez pas penser que je cherche de faux prétextes ! Je ne veux pas, soyez-en sûr, refuser la faveur d'une si grande Reine, paraître en faire fi ! Je ne suis pas si craintif, si pusillanime que je redoute de soutenir opiniâtrément ce que j'ai avancé dans mon livre des Sciences. Je ne suis pas non plus si dépourvu de savoir que je ne puisse réfuter un ouvrage dont la force consiste plutôt dans l'opinion versatile de Sophistes que dans de sérieuses qualités de composition, dont l'ombre d'autorité ne repose que sur l'approbation des juges les plus iniques. Mais il importe que j'attende le moment, l'occasion favorable, que les circonstances m'autorisent à écrire en toute franchise, en toute liberté. Tant que je n'aurai que des forces illusoires, une puissance fragile pour appui, je ne dois pas entreprendre cette guerre. J'ai besoin de l'autorisation de l'Empereur et de sa sœur Marie (1). Je dois devenir en quelque sorte leur mandataire. Or, je n'ai en ce moment personne qui puisse me servir, me recommander auprès d'eux, et mon traité de la *Vanité des Sciences* les a irrités contre moi bien à tort, à coup sûr. Si vous pouvez obtenir ce que je demande, j'entreprendrai et je mènerai à bonne fin ce dont vous voulez bien me charger. J'y déploierai une audacieuse franchise en même temps qu'une large abondance. J'établirai la vérité par des arguments irréfutables, des raisonnements invincibles, avec non moins de bonheur que d'audace, j'en ai l'espoir. Si vous devez agir dans le sens que je vous indique, faites-le au plus tôt et dites-moi aussitôt ce que je dois faire moi-même. César (2) doit en effet, sous peu de jours, partir d'ici. Il ne me reste, je vous le dis, aucun moyen d'augmenter mon bien-être qu'en disant adieu à la Vertu, à la Vérité, tellement il est juste cet antique adage : *Que celui qui veut être vertueux s'éloigne de la Cour.*

Je vous envoie l'Oraison funèbre que j'ai composée et prononcée à l'occasion de la mort de la Princesse Marguerite (3). J'y ai déjà corrigé quelques erreurs typographiques. N'hésitez pas à m'envoyer les autres ouvrages écrits en faveur de la Reine ; en cela, vous me ferez grand plaisir. Le livre de *Roffensis* m'a en effet beaucoup charmé. Plaise à Dieu qu'il eût été permis à cet homme de tout dire librement, de ne rien taire par crainte. Adieu, et rappelez-moi au souvenir de tous les amis.

Ecrit à la Cour Impériale, marâtre des belles-lettres et des vertus, cour maintenant à Bruxelles.

(1) Marie, reine de Hongrie, gouvernante des Pays-Bas après la mort de Marguerite d'Autriche.

(2) Charles-Quint.

(3) Marguerite d'Autriche, gouvernante des Pays-Bas, morte en 1530.

P.-S. — Les lettres que vous aurez à m'écrire, envoyez-les à l'adresse du Révérend Seigneur le Cardinal Légat Campegio. C'est mon unique Mécène, et, sans lui, je serais devenu la proie de cette bande haletante, je veux dire dorée, de loups ravisseurs. Adressez vos lettres à son économe, que l'on appelle vulgairement le Maître d'Hôtel. Une seconde fois. Adieu.

LIV

Agrippa au Cardinal Campegio.

Bruxelles, 21 août 1531.

Attendu qu'il y a trois jours, homme des plus illustres, qu'au mépris de votre autorité, au mépris de la décision prise par le Conseil privé de l'Empereur tout entier qui avait fait défense à *Alexis Falco* (1) de rien entreprendre contre moi avant quinze jours révolus, ce dernier, ne tenant aucun compte de tout cela, m'a fait jeter ce matin en prison par les agents de la force publique de Bruxelles, qu'avec son acolyte *Jean Platus*, accompagnés tous les deux d'une foule de satellites, gens tarés et sans aveu, il a attenté à ma liberté ; qu'en le faisant et en déployant une violence coupable contre moi il a outragé Votre Eminence et foulé aux pieds le respect que l'on doit aux décisions du Conseil privé de l'Empereur et à la Majesté du Sénat, je vous demande justice. Pour l'attentat fait contre votre décision, vengez-le, punissez-le quand vous voudrez ; mais pour moi il me faut un prompt remède. Je vous appelle donc à mon secours ; puisque vous le pouvez, veuillez aussi me prêter l'appui de votre autorité. Délivrez-moi de cette prison injuste : tenez compte que j'ai perdu ma fortune non par mes fautes, mais par mes vertus. Aucun crime, aucun attentat, aucune action répréhensible, aucune loi, aucune justice, aucune équité n'ont causé ma perte. Je suis victime de l'ingratitude de César et de la négligence de ses conseillers.

Adieu.

LV

Un ami à Agrippa.

Bruxelles, 21 août 1531.

Je me suis permis d'aller trouver le *R. Panormitain*, qui m'a toujours paru bien disposé pour moi et, en même temps, appréciateur de votre

(1) Créancier d'Agrippa.

mérite. Je lui ai fait le déplorable tableau de toutes les infortunes dans lesquelles vous êtes plongé ; je l'ai prié, au nom du très-Révérend Seigneur le Légat, de vous secourir en toute bonne justice, et je lui ai parlé particulièrement de la cause pour laquelle vous êtes détenu. Pour le faire plus avantageusement et plus clairement, je lui ai montré votre lettre. Il m'a répondu avec la plus grande bonté, me disant qu'il ferait tout son possible pour que la liberté vous soit rendue. Il a même voulu que je vous écrivisse afin que vous soyez plus calme en attendant. Je voulais revenir chez lui dans une heure ; il a dit que c'était inutile et a promis d'envoyer quelqu'un de sa suite pour annoncer au Révérend Seigneur votre mise en liberté. Si l'on se conforme à ses ordres, il ne sera pas nécessaire que j'y retourne. Dans le cas contraire, — Dieu veuille qu'il n'en soit pas ainsi, — j'y retournerai et ne négligerai rien pour qu'aujourd'hui même vous soyez remis en liberté et rendu à vos amis qui vous aiment tant. Au revoir et bon courage (1).

De la Maison du Révérend Seigneur le Légat, 21 août 1531.

LVI

Agrippa à Charles-Quint.

Bruxelles, 1531.

J'ai été, redoutable Empereur, réduit à une telle infortune pour rester à votre service qu'à part la perte de la vie vous ne pourriez m'en souhaiter de plus grande. Bien que, dernièrement encore, poussé par je ne sais quelle dureté d'âme, vous ayez détourné les yeux de mes supplications, je veux encore une fois, imitant en cela l'exemple de la Nature à l'égard des moribonds, faire auprès de vous un dernier effort. Je reviens donc à vous comme suppliant, ne vous demandant qu'une seule chose. S'il ne m'est permis d'obtenir de votre bonté ce qui est dû à mon mérite, la récompense et le salaire de mes fonctions, que j'obtienne du moins de votre indignation, si toutefois vous êtes indigné contre moi, un congé en forme. Puisqu'il ne m'est pas permis d'espérer, qu'il me soit du moins permis par vous de désespérer. Délivrez-moi du serment de fidélité que j'ai prêté à Votre Majesté ; reniez-moi, si vous le voulez, mais permettez que je me retire libre. Ne vous irritez donc pas si je vous parle ainsi, dans l'accès de mon désespoir ; j'y suis forcé, vous le savez : nécessité n'a pas de loi.

(1) Cette lettre est sans doute de Dom Luca Bonfius.

LVII

Agrippa à un personnage ecclésiastique.

1531.

Votre Excellence, Rév. Père, m'a requis de lui dire ce que je pense de la comète qui apparut hier soir. Vous me demandez là-dessus quelques mots seulement. Je n'ignore pas qu'on pourrait m'accuser de témérité et d'arrogance si j'écrivais à une personne aussi éminente que la vôtre des explications hasardées et sans avoir sur ce point cherché la vérité. Mais je pense aussi que ce serait une grande faute si je ne répondais pas à temps à la question que me pose Votre Seigneurie, envers laquelle je suis si redevable.

J'ai, en conséquence, préféré encourir l'accusation d'ignorance ou d'étourderie, que celle d'ingratitude, sachant bien, au courant depuis longtemps des Saintes-Écritures, que l'obéissance vaut mieux que n'importe quel sacrifice. Aussi, malheureusement dégagé que je suis de mes travaux ordinaires, je vais essayer de formuler à ce sujet ce qui ne reste chez moi qu'à l'état de vague souvenir. Ceux qui ont écrit sur l'*Astrologie judiciaire* comptent, je crois, neuf ou dix sortes de comètes-étoiles. Du reste, je ne prétends pas qu'il n'y en ait pas d'autres, que la postérité n'en puisse trouver d'autres catégories ; je sais même qu'autrefois trente-deux genres de comètes ont été dépeints par les Stoïciens. De là les *Comètes Poyniennes* (1), *Acontiennes* (2), *Piphiennes* (3), *Phitètes* (4), *Césariennes* (5), *Lampades* (6), *Hippées* (7), et plusieurs autres espèces dénommées par les Grecs. Mais je suivrai l'ordre généralement adopté par les Astrologues, qui nomment une Comète SATURNIENNE, parce qu'elle est de la couleur pâle du plomb ; elle n'a pas la queue si longue que les autres. Il en est deux qu'ils nomment JOVIENNES: dont l'une est nommée *Argentée* à cause de son éclat d'argent et de l'éclat fulgurant de sa queue ; l'autre, *Rose*. Elle est un peu plus grande et de la forme d'une face humaine: sa queue est longue, sa couleur tourne un peu sur le jaune comme un alliage d'or et d'argent, elle est très brillante. Ils en donnent quatre à MARS : — l'une appelée *Pertica*, qui est brillante, incandescente même et dont la queue est formée d'un seul rayon et ressemble à une longue lance étendue, — l'autre se nomme *Vera*, qui ne diffère pas beaucoup de la première, à cela près qu'elle a une queue ondulée, en quelque sorte vibrante, — la troisième se

(1) Barbues.
(2) Pointues.
(3) Ailées.
(4) Poilues.
(5) Cornues.
(6) En forme de lampes.
(7) Chevelues.

nomme *Tenacula*, de sa queue fourchue. — la quatrième se nomme *Eglantine mûre*, parce que, comme le fruit de l'Eglantier en maturité, elle est d'une couleur rutilante, ignée ; sa queue forme un grand nombre de rayons. Il en est une ensuite qui est consacrée à VÉNUS ; on l'appelle le *Soldat :* elle est la plus redoutable de toutes, son volume est considérable, sa queue très longue ; elle est étincelante et brillante. Une autre est attribuée à MERCURE ; appelée *Seigneur d'Astorie*, elle est d'une couleur de citron et radiée, et son corps forme plusieurs rayons dirigés en tous sens, comme une figure ornée de barbe (on la nomme aussi pour cela *le Barbu*) ; sa queue n'est ni très étendue ni très claire. Si j'ai bonne mémoire, après avoir contemplé hier cette comète, je crois qu'elle appartient au groupe de Saturne ou de Mercure, car elle m'a paru pâle et d'une couleur livide, d'un éclat affaibli, à peu près comme l'*étoile de Saturne ;* sa queue n'est ni longue, ni bien brillante, mais, comme elle m'a semblé un peu frisée, qu'elle passait rapidement comme si elle suivait le mouvement du ciel, je la rangerai plutôt parmi celles de Mercure. Je ne pourrai cependant rien affirmer de certain sur sa nature jusqu'à ce que je l'aie contemplée plus attentivement et que je l'aie examinée avec plus de réflexion. Quant à la position où je l'ai surprise, je dirai que son corps, hier soir, était suspendu vers la 3ᵉ étoile de la face du Lion, que sa queue s'étendait en ligne droite entre les deux dernières étoiles de la Grande Ourse vers l'étoile polaire, c'est-à-dire de l'Occident vers le Septentrion. Elle se mouvait d'un mouvement irrégulier, vibratoire pour ainsi dire, comme pour descendre et se coucher vers la droite.

Quant à ce qu'elle peut présager, il est nécessaire de le déduire de bien des considérations : d'abord de la *nature* de la planète qu'elle imite, de la nature du *signe* sous lequel elle apparaît et se promène ; en troisième lieu de la nature de l'astre ou de l'étoile Bêhème *de qui elle dépend ;* il faut ensuite recenser les diverses naissances ou intronisations des Princes, les changements de règne, pour savoir si l'horoscope se rapporte à la nativité, à l'intronisation ou au changement de l'un d'eux ; voir si, par hasard, il concorde avec le lieu du départ de l'astre, sa direction, ou le lieu *hilech* de quelque comète. S'il y a évidemment quelque chose de tel, on pourra conjecturer, pour ce prince, qu'il est menacé dans sa vie par un grand péril, ou dans ses honneurs, son trône, sa fortune. Ce qui s'applique aux Princes peut s'appliquer aussi aux commencements comme aux révolutions des royaumes. On peut en tirer aussi leurs horoscopes.

Voilà, cher et Révérend Père, ce que j'ai pu tirer de ma mémoire pour le confier tel quel à mon obligeante, mais faible plume. Vous m'aviez prié de vous répondre ce matin même ; sans cela j'aurais approfondi davantage la question à examiner ; je le ferai encore si tel est votre bon plaisir, si j'en ai le temps et les livres nécessaires pour tout ce travail. Ce genre de divination exige, en effet, beaucoup d'exactitude. Celui qui n'a pas mesuré avec des instruments justes la déclinaison, la largeur, l'ascension droite ou oblique, la distance du soleil, du baromètre, son mouvement depuis le commencement de son apparition jusqu'à la fin, la disposition et les évolutions de sa queue, ne peut rien pronostiquer de certain. Pourtant je ne craindrai pas de dire que, de même que le corps de la comète annonce plus particulièrement l'avenir, de même la queue montre plutôt où les événements se passeront. Or, comme la queue de cette comète s'étend directement vers le septentrion, il y a certainement de là un péril qui menace, ou bien cela signifie que la réalisation de ces événements aura lieu dans ces régions ou dans leur voisinage.

Adieu. Que votre Paternité se porte le plus heureusement du monde. Je me recommande à elle très humblement.

LVIII

Agrippa à un ami.

Bruxelles, le 6 février 1531.

Depuis longtemps, homme remarquable, vous fûtes pour moi un devin de la tournure que prenaient mes affaires. Je suis encore embarrassé au milieu de ces financiers, usuriers et prévaricateurs, comme le bouc arrêté au milieu des buissons. On me renvoie d'Hérode à Pilate et notre Panormitain Caïaphas ne me prédit point de bonnes choses. Aussi ai-je complètement résolu de m'arracher à cette véritable servitude d'Egypte. S'ils ne veulent pas me faire justice, je susciterai contre eux mouches, moustiques, cousins, grenouilles, scorpions. Je me retirerai et serai l'Esprit vengeur : je leur susciterai mille maux divers à ces Midas monstrueux, à ces hommes des plus ingrats qui furent jamais. Je renouvellerai la fable de *l'Escarbot et de l'Aigle* (1). Vous apprendrez le reste par une lettre que j'ai confiée à Bernard (2). J'ai répondu à mes calomniateurs de Louvain avec modération sans doute, mais non pas sans ironie, non pas sans sel, sans vinaigre et sans moutarde, laissant complètement l'huile de côté. Je publierai cela aussitôt que je le pourrai. Ce sera sans doute le signal d'une tragédie nouvelle, puisque d'ordinaire une vérité nouvelle amène une recrudescence de haine. Il ne manquera pas de gens à qui la dite tragédie plaira assurément.

Adieu, très cher, recommandez-moi humblement au Révérend Seigneur Légat, mon puissant protecteur (3).

P.-S. — Vous connaîtrez la suite des événements qui se passent ici par des notes subséquentes, datées de Bruxelles et tenues au courant.

---

(1) Voir *Ésope*, fable 223. — *L'Escarbot* est un insecte volant de la famille des scarabées, qui a environ sept centimètres de large sur huit de longueur. — L'allusion qu'Agrippa fait ici est très piquante.

(2) Le majordome du Cardinal Légat Campegio.

(3) Le Cardinal Campegio.

LIX

Agrippa à Erasme.

Cologne, le 17 mars 1531.

Naguère j'ai répondu, illustre Erasme, à la lettre aimable que vous m'aviez fait tenir par l'entremise du prêtre Andréas (1). J'ai eu la précaution de confier ma réponse à *Maximilien Transylva*, mais je ne sais si vous l'avez reçue ; je le crois pourtant, bien que je n'aie encore aucune nouvelle de vous. En effet j'étais loin du Brabant. Je suis resté quelques jours auprès du Respectable et Illustre Prince-Electeur, Gouverneur de Cologne, qui professe envers vous une estime et une amitié singulière. Notre conversation roule souvent sur votre savoir si sûr, sur votre supériorité scientifique invincible. Il y a en outre auprès de la personne du prince bien d'autres personnes qui chantent vos louanges, exaltent votre nom, entre autres *Tillemann de Fosse*, qui vous admire et vous aime le plus. Ce dernier m'ayant dit qu'il avait une excellente occasion auprès de vous, j'ai pensé qu'il serait mauvais de ne pas en profiter pour vous écrire.

N'ayant pas pour le moment autre chose à vous faire savoir je me borne à vous répéter que je suis toujours votre tout dévoué, votre bien obligé de votre initiative à parler en termes élogieux de ma personne dans vos lettres, quoique n'étant pas un homme connu et de grande valeur littéraire. Donc, puisque vous avez la bonté, vous, homme illustre, de ne pas dédaigner la correspondance d'un homme obscur, pardonnez à mon audace, si je vous prie de m'écrire quelque chose dans vos heures de loisir. J'espère toutefois que ce sera sous peu qu'il y aura entre nous matière à correspondance suivie sur d'importants sujets.

P.-S. — Je dois rester ici encore un mois, je retournerai ensuite en Brabant.

LX

L'ambassadeur Eustache Chapuys à Agrippa.

Londres, le 10 septembre 1531.

Votre dernière lettre (2) m'a fait le plus grand plaisir, savant Cornélis, non pas tant parce qu'elle est élégante, savante, éloquente même, — cependant c'est aussi à ce titre que tout ce que vous écrivez me plaît

(1) Voir lettre d'Agrippa à Erasme de janvier 1531, p. 102.
(2) Lettre d'Agrippa à Chapuys d'août 1531. Voir p. 105.

tant, — mais surtout parce qu'elle exprime admirablement, toujours
vivante, toujours jeune, toujours florissante, la vieille amitié qui nous
unit. Oh! la liaison charmante, pleine de douceur! la solitude et l'éloignement qui nous séparent depuis plusieurs années déjà, hélas! non
seulement ne lui ont fait aucun tort, ne l'ont aucunement amoindrie; au
contraire, il me paraît qu'elle s'est encore augmentée, encore raffermie,
si c'est possible. C'est qu'elle repose sur des fondements larges et solides.
Ce ne sont pas les raisons banales qui engagent d'ordinaire le commun
des hommes à se lier, qui lui ont donné naissance. Le vulgaire contracte
au hasard, aveuglément, une amitié fragile, périssable, superficielle. Elle
est limitée au temps où les amis sont en présence. Cette amitié-là ondoie,
pour ainsi dire, à la surface des lèvres; elle n'est point gravée au fond
des cœurs. On peut à juste titre lui appliquer le vers de Properce qui dit
que « *l'amour disparaît à mesure que s'éloignent les yeux de la personne
aimée* ». Quant à moi, cher Agrippa, je supplie les Immortels de rendre
vivace, éternellement vivace, cette amitié suave qui nous unit l'un à
l'autre.

Après ce préambule assez court, venons au sujet qui nous occupe et
pour lequel je vous écris aujourd'hui. C'est avec raison, cher Agrippa,
que je vous aime, que je vous estime beaucoup, puisque vous avez si
bienveillamment consenti à ce que je vous demandais récemment avec
tant d'ardeur (1). Si donc, à votre tour, vous me demandez jamais quelque
chose qu'il dépende de moi de vous accorder, je ferai en sorte que vous
ne le réclamiez pas en vain. Je veux vous prouver que vous avez à faire à
un homme qui met autant d'empressement, de bonne volonté, à rendre
un service qu'à le recevoir. Bien qu'au début vous ayez passablement ter-
giversé, entassant motifs sur motifs pour mettre sur l'épaule des autres
le fardeau de cette entreprise, dont vous vouliez vous décharger soit sur
Erasme, soit sur Vivès, soit encore sur Cochlée (2), vous perdez votre
temps, cher ami. J'accorde à votre modestie, à votre prudence, ce qui
leur est dû; à votre modestie d'abord, elle est évidente en ce que, vous
estimant au-dessous du médiocre, vous êtes d'avis qu'il en est d'autres
que l'on doit appeler de préférence à vous-même, dans l'accomplissement
d'une œuvre si méritoire.

Vous placez ces hommes au-dessus de vous, tant pour leur intelligence que pour leur érudition si connue, la facilité et l'abondance de
leur élocution. Mais nous examinerons cela tout à l'heure; parlons de
votre prudence. N'en est-ce point, prudence même peu commune, que
d'examiner l'affaire en tous ses détails; de la mesurer en quelque
sorte au cordeau, quand vous-même, avec autant de perspicacité que
d'autorité, vous admettez l'entreprise comme réclamant un écrivain de
tous points accompli. Vous craignez que, le fardeau une fois mis sur
vos épaules, vous n ayez pas assez de force pour le soutenir, et ne deve-
niez ainsi le but des risées, des sifflets des envieux, des querelles des

(1) Relativement à l'affaire du divorce de la reine Catherine d'Aragon. Conf. la
lettre de Chapuys à Agrippa datée de Londres du 26 juin 1531, traduite p.103.
(2) Voir la lettre d'Agrippa à Chapuys d'août 1531, page 105 et notes 2 et 4 de la
page 106.

chicaneurs. En l'espèce, votre raisonnement est assez semblable à celui du captif d'Alexandre. Cet homme était d'une habileté extrême, sans rivale, à lancer des flèches; sur sa réputation, le roi le fit venir pour voir ce qu'il en était; mais le captif préféra se mettre dans le cas d'être conduit à la mort plutôt que de risquer sa réputation dans un nouvel essai.Combien n'agirai-je pas plus prudemment, dites-vous,si,*me mesurant avec mon propre pied* (telle est l'expression populaire), je me garde de prendre en main une affaire aussi ardue ? C'est dans ce même ordre d'idées que Thucydide a si bien dit que « *l'ignorance est hardie, pleine d'infatuation; le véritable savoir timide, hésitant, circonspect* ». Ces deux qualités, modestie et prudence, me donnent d'autant plus d'espoir que, si vous voulez avoir la chose à cœur, oui, j'en ai la confiance, si vous y mettez une fois la main, nul parmi les mortels ne traitera la question avec plus de force et d'énergie, ni avec plus de bonheur. Je ne puis me résoudre à changer un mot de ce que je vous écrivais dans ma dernière lettre(1), bien que vous me le demandiez à plusieurs reprises et que je reconnaisse comme vous le danger du poste que je vous confie, et la haute importance de l'affaire à laquelle je vous convie.

N'est-ce pas le *Pyrgopolymeas* de *Plaute* qui dit : « *On ne fait rien de grand si on ne s'expose pas au danger.* » Je sais, je ne sais que trop, savant ami, dans quelle arène je vous prie de descendre, dans quelle lutte je vous engage ; mais, par contre, je connais quel est l'athlète que je lance dans cette arène : oui, je connais toutes les ressources de votre esprit, cette admirable facilité soit d'improviser, soit de préparer un travail de longue haleine. Je connais tout l'attirail des connaissances que vous vous êtes acquises, cette mémoire surprenante, cette élocution abondante, simple, naturelle coulant de source, mais pure et châtiée, et par conséquent d'autant plus propre à persuader et à instruire. Je sais encore que, en plus de ces sciences qu'on nomme *Cycliques* (science que vous possédez à merveille), vous avez également la science approfondie des lois divines et humaines, surtout, au-delà de l'imaginable, celle des Saintes-Ecritures. A coup sûr, quand j'étais assez heureux pour vous voir fréquement (2), combien de fois me suis-je étonné de l'immense variété de vos connaissances, de la précision et, en même temps, de la spontanéité de votre esprit, et, par-dessus tout, d'une sorte d'inspiration divine. On pourrait dire de vous ce que Pic de la Mirandole disait au grammairien Berbald : « *Vous êtes une Bibliothèque vivante, parlante.* »

Puisqu'il en est ainsi (n'allez pas croire que je parle pour vous plaire, pour vous flatter, et souffrez que je vous donne ce conseil), décidez si vous devez laisser votre talent enfoui. Craignez qu'un Dieu justement sévère ne vous demande compte un jour du mauvais emploi de vos rares facultés. Tâchez donc de retirer le plus de fruit possible des dons dont il lui a plu de vous combler.

Parlons un peu maintenant de ceux sur lesquels vous vouliez vous décharger du fardeau de cette affaire. Je ne veux pas me prononcer sans

(1) Lettre du 26 juin 1531, p. 103.
(2) A Genève, quand Chapuys y exerçait les fonctions d'Official du diocèse.

réflexion sur le compte d'*Erasme*, que tous les gens érudits et sincères
mettent, comme le Phénix, hors de pair; quant aux autres, je le dis avec
assurance, et je souhaite ne les froisser en rien en disant cela et rester
en bons termes avec eux, assurément il n'en est aucun qu'on doive vous
préférer, à mon avis. Permettez-moi de ne pas m'expliquer davantage à
ce sujet. Et encore ! en y réfléchissant je ne suis pas bien sûr qu'Erasme,
nomme très paisible il est vrai, ne se sente pas atteint par ce que je dis.
Je le dirai quand même. C'est un écrivain d'ailleurs harmonieux,
cadencé et en quelque sorte inimitable, s'insinuant doucement, insensi-
blement dans la conviction. Je crains qu'il ne vous soit inférieur dans la
manière de serrer l'argumentation; or, dans l'affaire qui nous occupe,
c'est cette qualité surtout que l'on doit rechercher. Si vous ne voulez
pas vous reconnaître cette supériorité, car vous êtes d'une modestie
vraiment surprenante, vous m'accorderez au moins qu'Erasme depuis
longtemps a mis au service de la Reine son talent et ses bons offices,
puisqu'il a édité un ouvrage détaillé et profond sur le mariage chrétien.
Vivès (1), lui aussi, en écrivant la femme chrétienne, peut à juste titre
paraître s'être acquitté de son devoir. *Cochlée* (2) enfin a écrit plusieurs
pages sur le même sujet : je vous les enverrai un de ces jours, dès qu'elles
seront transcrites. Il ne donne pas lieu, vous en conviendrez, à laisser
désirer ses bons offices. Que dis-je ? faites que tous soient prêts à écrire,
faites qu'ils aient déjà saisi leurs plumes, pour s'acquérir une gloire si
éclatante. Horace n'a-t-il pas dit que la palme est au milieu de l'arène et
que, par conséquent, tout le monde peut y prétendre ? Qu'elle appartienne
donc à celui qui fera tous ses efforts pour la conquérir. S'agit-il d'autre
chose, soyons polis, cédons le haut du pavé; les premiers faisons des con-
cessions aux autres ; mais ici, obéissant aux suggestions d'un orgueil
honorable, généreux, faisons en sorte de remporter le prix ; ne le cédons
pas d'un pouce à personne ; ne nous inclinons que devant la supériorité
de l'intelligence, de son application et de ses efforts. La vertu est quelque
chose d'instable ; elle veut progresser sans cesse ; un progrès est un encouragement vers un progrès plus grand ; s'arrêter c'est rétrograder ;
c'est là la preuve la plus forte que la vertu nous vient du Ciel, il n'y a
pas à en douter. Et après cela, si cela fait plaisir aux Muses (de gaieté de
cœur), lorsque vous avez tout ce qu'il faut pour réussir, lorsque vous
êtes soutenu par tant d'avantages, vous céderiez à un autre la gloire
d'une si haute entreprise, vous voudriez même l'admettre à la partager ?
Déployez, je vous en prie, mon cher Agrippa, l'énergie si connue de votre
esprit, les forces de votre intelligence ; étalez toutes vos richesses ; faites
voir tout ce que vous valez. Une cause si pieuse rendrait éloquente la
langue des enfants à la mamelle. L'ânesse de Balaam elle-même, animal
d'ailleurs stupide, sut parler quand il s'agit de flétrir l'impiété d'un homme
criminel.

C'est une tentative ingrate, dites-vous, pleine de dangers et de hasards,
qu'un homme de bien, un simple particulier, ose même ouvrir la bouche

---

(1) J. Vivès, qui fut précepteur de Marie Tudor. Conf. note 4, p. 106 et texte.
(2) Voir note 4, p. 106.

contre un roi si puissant (1). Comment oserai-je provoquer la colère de
tant d'Universités qui sont autant d'essaims de guêpes au dard acéré ? Je
vous parlerai d'abord du Roi. Voici ce qu'il faut en penser : bien que tout
amour soit d'habitude emporté et aveugle, — les Poètes et les Peintres
sont là pour corroborer mon témoignage, — le Roi s'est montré, jusqu'ici
et toujours, un homme de bon sens, il y voit clair. Bien qu'il veuille
que l'affaire se traite conformément aux lois, d'après des arrêts, d'après le
suffrage des hommes instruits et honnêtes, il ne prétend pas assurément
employer la violence et les armes. Et, de ce côté, il fait preuve de sens et
de modération dans un prince. Il faut s'en prendre à ces malheureux
fléaux, à ces brouillons intempestifs qui, les premiers, ont soufflé à cet
excellent prince, dont vraiment le cœur appartenait à sa femme, des idées
coupables ; qui, les premiers, ont suggéré à sa délicatesse un scrupule
religieux trop tardif (2) ; qui, les premiers, ont jeté du froid entre deux corps,
entre deux âmes parfaitement unies, et qu'une longue suite d'années
avait vues confondues dans une entente profonde et ininterrompue. Je
voudrais les voir... Mais laissons ces scélérats en proie à leurs remords,
aux reproches de leur conscience assurément inquiète, torturée. Ce sont
des juges qui, partout où ils se réfugieront, de quelques palliatifs
qu'ils cherchent à déguiser leur faute, ne seront jamais absous, si toutefois les satiriques ont raison de dire : « *Prise pour juge, la conscience du
coupable ne l'absoudra jamais!* »

Jusqu'ici, pourtant, nous devons, la Reine et nous, nous féliciter de ce
que le Roi, quant à lui, quoiqu'il soit poussé fortement sans cesse vers
des résolutions déplorables par des parasites qui iraient chercher leur
pain même dans les flammes, ne veut cependant, je l'ai dit, s'en remettre
qu'aux lois et à la décision des hommes compétents. Animé de ces sentiments, il ne s'irritera pas du tout, ou du moins très peu, contre ceux qui
concluront contre lui, pourvu qu'ils donnent des raisonnements accepta-
bles à l'appui, et qu'ils le fassent avec tout le respect dû à un Roi, comme
du reste je suis sûr que vous le ferez ainsi (3).

Mais allons, cher Agrippa, vite à l'ouvrage ! Je ne puis vous dire ici en
peu de mots ce que je pense : c'est bien certainement à tort que nous
consacrerions notre temps et nos veilles à apprendre, à nous rendre
compte de la portée des lois tant humaines que divines, en un mot à trouver la vérité, si lorsque l'utilité publique réclame notre secours, quand la
Piété, la Religion implorent notre appui, notre voix restait muette, si
notre savoir restait caché. Nous ressemblerions alors à un homme qui,
protégé par une armure complète, destinée à la défense de sa patrie, de
ses pénates, oserait, en voyant l'ennemi, soit par trahison soit par crainte,

(1) Henri VIII.
(2) L'union d'Henri VIII et de Catherine d'Aragon durait alors depuis *dix-huit
années* déjà.
(3) Eustache Chapuys parle ici en diplomate prudent. Mais Henri VIII lui donna,
par les faits déplorables qui se sont succédé sans interruption dans cette affaire
retentissante du divorce, un démenti douloureux. En réalité il arriva ce que Chapuys dépeint si éloquemment quelques lignes plus loin, en y ajoutant le supplice
de Th. Morus, de Fisher, etc.

jeter là ses armes ou les dissimuler. C'en est fait, cher Agrippa, de l'intégrité des mœurs; c'en est fait de la philosophie chrétienne, si nous tenons
compte du rang des hommes. Disons, après Aristote, qui était cependant
un païen et qui n'est pas même exempt de quelque soupçon de flatterie
d'après les écrivains : « *Socrate est mon ami, Platon mon ami, le roi l'est
aussi, mais je fais passer la Vérité avant eux.* »

Je crois que vous entrevoyez — (il me semble pénétrer l'intime pensée de
votre âme) — tout ce que la vérité, si elle se fait jour, va causer de trouble,
de bruit dans cette République chrétienne déjà si éprouvée depuis quelques années. Réfléchissez cependant que vous ne ferez rien d'illogique,
rien que n'aient fait déjà nos ancêtres, non moins que les Pères de l'E-
glise. Je citerais des exemples, si, à votre égard, ce n'était pas superféta-
tion et vouloir ajouter des flots à la mer. Pensez à Ezéchias, à qui Isaïe
dit ces paroles : « *Dispone domui tuæ* », etc. Pensez à Natham, avec quelle
noble franchise, avec quelle intrépide fermeté il se prit à accuser David
d'homicide et d'adultère ; après la mort du Christ, c'est Jean qui se présente comme le champion le plus redoutable de la Vérité. Modèle à suivre entre tous ! Parmi ceux d'une époque moins reculée, Chrysostome et
Ambroise, doués tous les deux d'une grande force d'âme, la déploient
contre des princes impies. Mais, me direz-vous, pour la plupart, cette
liberté, cette franchise dont ils usèrent furent la cause de leur perte.
Beaucoup reçurent la mort ; plusieurs récoltèrent l'exil, la haine, le mépris,
d'innombrables calamités de ce genre pour salaire. A ces objections, je
répondrai par un seul mot : pour d'autres causes, soyez prudent pour
conserver votre vie ; mais, dans une cause si belle, si chrétienne, il serait
beau d'acheter la gloire au prix de son sang.

Bien que je vous aie dit plus haut qu'il n'y avait aucun péril à craindre,
pas même la plus légère offense, je vous répéterai pourtant d'agir avec
circonspection. C'est pour cela même que nous vous écrivons. Quant à la
crainte que vous avez de nos Maîtres, elle est, passez-moi l'expression,
— puérile. C'est une foudre en verre. Ne savez-vous pas que, depuis ces
dernières années où le Monde a pris du flair, tous ces ânes bâtés ont cessé
d'être un objet de terreur. On les a dépouillés de leur peau de lion. Cette
Sorbona, ou, si vous le préférez, *Sorbonia*, ainsi que tous ses estafiers, sont
purement méprisables. Rien de plus ténébreux que tous ces porteurs de
lanternes, ces criards vaniteux et lâches, ces hurleurs : il ne faut pas en
tenir compte. Il faut les traiter comme certaines foudres que, pour cela,
les physiciens désignent par l'expression de foudres *brutes*, parce que,
bien qu'elles tombent avec un grand fracas, elles n'en sont pas moins
vaines et inoffensives. Il faut imiter en cela Démosthène : ses contradic-
teurs, s'étant permis ce degré d'impudence de se taire, de ne plus attaquer ouvertement la vérité défendue par l'orateur, celui-ci les réduisit au
silence le plus absolu et le plus définitif, en leur reprochant leur *synan-
chie* (mal de gorge), et, comme l'un d'eux disait: « Ce n'est pas cela » ! —
« C'est donc d'*argyrancie* que vous souffrez, » répartit Démosthène. Quant
à nos criards, plus bruyants que Stentor, c'est plutôt l'appât du gain, la
pâture que réclame leur ventre qui les rend ainsi. En effet, si leur décision est réellement sincère, si elle vient du fond de leur âme, ce sont des

êtres stupides, idiots ; — si, au contraire, dans une affaire si importante, si sérieuse, ils ont écouté la voix de la corruption, de la courtisanerie, qu'y a-t-il de plus perfide que ces gens-là ? Qu'y a-t-il de plus imprudent, de plus déplorable ? Ils méritent d'autant mieux, savant Agrippa, qu'on étale à la grande lumière et leur trahison et leur ignorance. Dans la fable ne voit-on pas le soleil dévoiler l'adultère de Vénus et de Mars ? Il faut donc que, par vous, ils soient tournés en ridicule, consumés par tous les mortels. Je n'ai pu m'empêcher de rire bruyamment quand j'ai lu votre apostrophe ironique : « *Dites, Sorbonniens en Théologie, quelle est l'importance de l'or ?* » — Aussi, me disais-je avec Virgile : « Soif déplorable des richesses, à quels crimes n'incites-tu pas le cœur des hommes ! » Je me demandais avec Philippe, roi de Macédoine : « *Où ne pénétrerait pas un âne chargé d'or ?* » Je puis, si vous le voulez, vous répondre pour eux. Avec de l'or, nous ferons que, si nous ne buvons pas plus outrageusement, nous boirons un vin plus généreux *et plus théologiquement.* Notre corps sera plus soigné, plus brillant de santé ; notre ventre, notre palais s'en trouveront mieux ; nous pourrons aller largement et moins parcimonieusement dans nos consommations. Devinez le reste.

Pour en finir à ce sujet, je veux caractériser par un seul mot ce que j'ai délayé dans tant de périphrases : Rien autre chose que de rire ne convient à nos Maîtres, et, pour me servir de l'expression d'Aristophane, « *de lâcher un vent* » comme réponse. Vous entreprendrez donc d'écrire. Que ce soit grâce à notre appui que vous puissiez le faire, ou que vous en receviez le mandat de l'Empereur et de la princesse Marie (1). Il vaut mieux écrire sous leur égide et d'après leur impulsion que paraître l'avoir fait de votre propre mouvement. Je suis d'avis que, de cette façon, vous serez moins en butte aux traits de la haine, de la calomnie. En conséqnence, sous peu de jours, la Reine écrira à l'Empereur ou à la princesse Marie, afin qu'appuyé par leur autorisation vous puissiez écrire plus librement ce qu'il vous plaira.

Mon cher Agrippa, si, dans cette affaire, vous déployez toute votre énergie, pour me rendre service en même temps qu'à la Reine (2), je me charge assurément de tout ce qui pourra en advenir, et je m'arrangerai de façon que vous n'ayez jamais à vous repentir d'avoir rendu ce grand service à une si grande Princesse, et bien que, de son naturel, elle soit pleine de générosité et n'ait pas besoin d'être éperonnée par moi, je ne cesserai d'agir. Vous, de votre côté, efforcez-vous de paraître dans ce combat le rude athlète que nous vous connaissons, conforme à la haute idée que nous nous sommes formée de votre talent ; il dépend uniquement de vous de vous montrer complètement digne et selon les vues de Dieu. Je terminerais ici ma lettre si je ne devais vous parler au sujet d'un regret que vous m'exprimez. Il vous semble que César (3) est un peu irrité contre vous, qu'il est plus froid que d'habitude, et que tout cela vient, comme vous le dites avec justesse, de votre vertu, de

(1) Marie, reine de Hongrie, gouvernante des Pays-Bas au nom de Charles-Quint.
(2) Catherine d'Aragon, tristement reléguée alors au château de Kensington.
(3) Charles Quint.

votre trop grande franchise dans votre excellent et consciencieux ouvrage *De la Vanité des Sciences.*

Je ne veux pas vous dire aujourd'hui autre chose que ceci : j'ai une confiance pleine et entière dans l'indulgence, dans la bonté de cet excellent monarque. Il faut dire toutefois que, dans ces derniers temps, quelques rats industrieux, rusés, troupeau méprisable, né seulement pour ronger le mérite des autres, ont acquis quelque créance auprès de lui. Ne savez-vous pas que les esprits les plus pacifiques sont les plus enclins à la crédulité ? Néanmoins n'allez pas croire que cela puisse durer éternellement, même longtemps. Bientôt ce petit nuage va se dissiper, croyez-moi. Si des exemples peuvent soulager votre douleur, je remonterai à l'origine même de l'histoire Grecque, de l'histoire Romaine. Est-ce que les citoyens les plus illustres, qui avaient rendu les plus beaux services à la Patrie, n'ont pas été frappés d'ostracisme et chassés de la cité ? Les uns reçurent l'ordre de se rendre à Gadès (1), les autres en quelqu'autre endroit. Je me tais sur d'autres peines plus terribles. Pour vous, ce n'est point le cas. Soyez donc homme d'énergie ; ne vous laissez pas abattre. Demain, dit-on, vaudra mieux que la veille. Un de nos poètes modernes a dit très heureusement : « *Personne ne désespère, même naufragé sur la mer immense ; souvent les nuages se dissipent et le jour redevient serein.* »

Mais il existe un secours dont on ne peut pas douter, qui sera pour vous l'ancre de salut. Vous l'aurez dans la personne de cet illustre et noble héros de Flandre, *Louis de Prat.* C'est un homme qui, outre les innombrables qualités dont il est doué, possède tant de véhémence, tant de puissance d'élocution, qu'il peut persuader et prouver ce qu'il veut même au juge le plus prévenu. Vous le prendriez pour un Périclès ou même un Hercule Ogmius. Il jouit auprès de César d'une telle faveur et d'un crédit si grand que, fussiez-vous même très coupable, il vous ferait rendre les bonnes grâces de l'empereur. Il peut, à plus forte raison, vous protéger, vous qui êtes innocent, contre la haine de ces hommes perdus. En un mot, il nous est dévoué à l'un et à l'autre autant qu'il est possible de l'être. Il ne fera du reste rien qui puisse porter atteinte à notre dignité pas plus qu'à nos intérêts. Appuyé sur ce Jupiter propice et tutélaire vous pouvez même oser envoyer se faire pendre ces petits dieux secondaires, je veux parler de cette meute déchaînée. Quant à moi, soit absent, soit par l'entremise de nos amis, ou dès que je serai rappelé à la cour, je ferai le plus promptement possible tout ce que je pourrai pour vous. Je réussirai, j'en suis sûr, à sauvegarder votre honneur. Patientez seulement et prenez courage : « *Ne cédez pas au malheur, marchez au contraire en avant avec plus d'audace!* »

Dieu mettra aussi fin à tout ceci. Ne voyez-vous pas, dans l'occasion que je vous offre, une manière facile, opportune de rentrer en grâce avec César ? Ce n'est pas sans l'assentiment divin que tout cela arrive : « *Tout est pour le mieux dans le meilleur des mondes.* » Oui, maintenant encore, Dieu jette sur nous un regard favorable. Adieu.

(1) Ville de l'ancienne Hispanie, aujourd'hui Cadix.

P.-S. — J'ai lu avidement et soigneusement votre *Oraison funèbre* (1);
je ne dirai rien de plus pour ne pas la louer trop longuement, *car elle se
recommande assez par elle-même*. Je suis furieux contre le typographe de ce
qu'il l'a souillée de tant de fautes abominables. Adieu encore une fois.

LXI

L'ambassadeur Eustache Chapuys à Agrippa.

Londres, 25 novembre 1531.

Bien qu'à peu d'exceptions près la nature ait voulu, excellent Agrippa,
le triomphe momentané du mal, l'essence de la vérité est telle, telle est sa
nature, telle est son énergie qu'elle finit par naître et se produire au
grand jour. C'est ce qui vient d'arriver à Paris. Les Sorbonniens — n'est-ce
pas les *Subornaticiens* qu'on devrait dire — s'étant prononcés en majeure
partie contre la Reine, un grand nombre pourtant se sont faits les défenseurs de sa vie attaquée, les champions d'une doctrine et d'une manière
de voir plus saine; et, en face de phalanges si puissantes, si unies, ils ont
osé prendre le parti du vrai. Il en est même un d'entre eux qui, soit en
son propre nom, soit au nom de tous, a affirmé son opinion dans un ouvrage. Je vous envoie aujourd'hui ce livre, non que je pense que vous
ayez besoin de pareils Thésées, (2) — ne serait-ce pas en effet, comme on
dit, porter de l'eau à la mer, du bois à la forêt, — mais afin que, si vous avez
résolu de parler, de disserter sur le même sujet, vous soyez, je ne dirai
pas plus au fait, mais du moins plus animé, plus ardent dans la lutte.
Car nous ne sommes pas des admirateurs si tardifs de votre talent et de
votre érudition, des admirateurs si tièdes de votre personne que nous
ignorions que vous puissiez de votre propre fonds, qui est si riche, tirer des
trésors plus opulents, plus savants encore. Du reste, *Pline* n'a-t-il pas écrit
« *qu'il n'est pas de livre, si mauvais qu'il soit, dont on ne puisse retirer quelque profit* » ? Il sera donc peut-être fort avantageux de parcourir celui-ci,
dans le but seul, je l'ai déjà dit, de vous inspirer un plus grand zèle, de
vous communiquer une inspiration plus haute si vous entreprenez la
défense du bon droit. Allons, cher Cornélis, secouez-vous vous-même,
déployez toute votre vigueur dans un combat si glorieux. Ne souffrez pas
qu'une gloire si éclatante, promise à vous seul, réservée à vous seul, vous
soit ravie par un autre. Mais, comme ce n'est pas la première fois que nous
vous avons écrit longuement à ce sujet, je veux être plus bref aujourd'hui.
Nous avons ici un Florentin, *Pierre de Bardi* (3), avec lequel je suis

---

(1) Oraison funèbre de Marguerite d'Autriche, gouvernante des Pays-Bas.
(2) On fait souvent allusion à la victoire de ce héros (fils d'Egée et dixième roi
d'Athènes XII siècles av. J.-C.) sur le Minotaure.
(3) *Pierre de Bardi* était le fils de *J. de Bardi*, noble florentin, membre de
l'Académie de la *Crusca*. Pierre cultiva aussi les lettres et publia, entre autres

très lié, que je place au nombre de mes meilleurs amis. C'est un homme
d'une honnêteté rare, très studieux lui-même et grand ami des hommes
d'études. Il serait impossible de dire à quel point il possède ces qualités, et il serait difficile de s'imaginer à quel point il admire votre savoir.
Il désire ardemment vous connaître, se lier avec vous d'une étroite amitié.
Si vous m'adressiez deux ou trois paroles à lui destinées, vous me seriez
bien agréable. En outre, pour si peu de chose, vous vous attacheriez
étonnamment un homme serviable et digne, croyez-moi, de prendre
place sur la liste de vos amis.

Adieu, très cher Agrippa, aimez-moi toujours, aimez-moi encore.

LXII

Agrippa à un ami (1).

Bruxelles, 17 décembre 1531.

Déjà depuis longtemps, Augustin (2), physicien, homme très érudit et
notre ami commun, me supplie de vous écrire, homme éminent. Le même
service m'est demandé avec non moins d'instance par un personnage qui
est auprès de vous, je veux dire par l'ambassadeur de Sa Majesté l'Empereur, *Eustache Chapuys*, homme aussi remarquable par sa vaste et sa saine
science que par sa haute sagesse. Comme ils me vantent tous les deux
votre courtoisie, votre vertu, votre probité, non moins que la bienveil
lance dont vous êtes animé envers moi, j'ai osé vous écrire cette lettre.

Si vous espérez y trouver quelque doctrine remarquable, quelque
document précieux et nouveau, vous vous trompez : il n'est rien venant
de moi qui puisse être à la hauteur de votre dignité, de votre fortune, de
vos vertus. Pour que vous compreniez pourtant quelle est ma bonne
volonté et mon zèle à votre égard, je vous dirai que c'est déjà une habitude invétérée chez moi de vouer une amitié humble et fidèle à ceux
à qui, en raison de leur mérite et de leur vertu, rien de grand en fait de
services ne peut être rendu. Nous vous admettons volontiers au nombre
de ces élus, et nous consacrons désormais tous les trésors de notre esprit
au service de vos éclatants mérites.

Adieu. Daté de la Cour Impériale, marâtre des vertus et de tout art
libéral.

P. S. — Veuillez saluer en mon nom l'Ambassadeur de l'Empereur, l'illustre Seigneur Eustache. Je ne lui écris pas en ce moment, parce que je

ouvrages, une belle traduction des discours de Maxime de Tyr. Il avait été
envoyé à Londres pour affaires diplomatiques et c'est à ce propos qu'il se lia
intimément avec l'ambassadeur de Charles-Quint, Eustache Chapuys.

(1) Cette lettre est adressée à Pierre de Bardi, à Londres.
(2) Sans doute Augustin Fornari.

ne puis lui répondre en peu de mots. Je voudrais lui écrire très longuement ; mais les malheureuses occupations qui m'accablent y mettent obstacle. Adieu, encore une fois.

LXIII

Agrippa à Mélanchton (1).

Francfort-sur-le Mein, 17 septembre 1532.

S'il y a quelque faute à vous adresser sans motif une autre lettre intempestive sans doute, ô Mélanchton, homme rare, supérieur, d'une érudition immense, remarquable à tous les titres, rejetez-la toute entière sur Ambroise. Car c'est lui qui m'a inspiré l'audace de le faire. Je n'ai en effet pour le moment aucun motif pour autoriser l'envoi de ce jour à un professeur aussi éminent que vous ; aucun motif, dis-je, digne de votre célébrité, à moins toutefois qu'il ne vous convienne de vous informer que j'ai entrepris une guerre acharnée et éternelle contre les *théologistes de Louvain*. L'ardent amour de la vérité m'a poussé à cette lutte. Par malheur, je suis obligé de combattre sous les yeux d'un juge qui, jusqu'ici, s'est montré l'ennemi du vrai. Ma valeur, ma gloire, ma fortune, ma fidélité à l'égard du tyran courroucé, tout cela va sombrer. Presque parvenu à vaincre son indignation persistante, son ingratitude envers les mémorables services que je lui ai rendus, par une patience qui ne s'était pas démentie depuis près de deux ans je m'aperçois que la science nouvelle que j'inaugure fait éclore contre moi une nouvelle haine. Plût à Dieu que ce nouveau Nabuchodonosor de bête pût redevenir homme, ou qu'il me fût possible de quitter cette *Ur* des Chaldéens. J'ai eu l'occasion de vous parler de cela dans une autre lettre plus détaillée. Que cela suffise ! Puisse Dieu vous conserver la santé ; que tout ce que peut désirer un cœur vraiment chrétien vous arrive ! Vous saluerez pour moi cet hérétique invincible qui se nomme Martin Luther, qui, comme le dit saint Paul, sert Dieu dans cette secte que l'on appelle *Heresia*. Vous saluerez aussi *Spalatin*, mon vieil ami. Quant à vous, portez-vous bien.

LXIV

Agrippa à son protecteur le Cardinal Laurent Campegio.

Bonn, novembre 1532.

Je sais devoir à votre Eminence une reconnaissance des plus vives, des

(1) Ph. Mélanchton, en allemand *Schwarzerde*, 1497-1560, était professeur de grec à l'Acad. de Wittemberg en 1518, où Luther enseignait la théologie. Il rédigea en 1530 la fameuse *Confession d'Augsbourg*.

plus durables, tant pour la bienveillance dont elle m'a toujours honoré et les bienfaits dont elle m'a comblé, que pour l'appui qu'elle m'a donné contre ces gens qui avaient irrité et presque tourné contre moi César (1) et sa cour, au point que j'en étais arrivé à deux doigts de ma ruine. Révérend Père, pardonnez-moi encore si j'emploie les termes les plus forts, l'invocation la plus ardente pour vous prier de me rendre encore de nouveaux services. Je viens aujourd'hui vous supplier, pontife vénérable, vous, si remarquable par votre science et votre piété, de ne pas vous déjuger dans la protection que vous voulez bien accorder à Agrippa, votre client depuis tant d'années. Daignez me continuer votre faveur. Ce qui me fait recourir à vos bons offices, c'est une nécessité qui me dispense de toute honte.

Par ordre de l'empereur et sur vos conseils, je dois me laver de l'accusation d'impiété. Il me faut donc affronter de véritables adversaires, livrer un vrai combat. Me taire, ce serait reconnaître que cette accusation est fondée ; si je n'en tiens pas compte, je porte un coup irrémédiable à ma bonne réputation. Il est extrêmement périlleux pour moi de reculer devant une bataille acharnée ; d'autre part, je ne puis le faire sans porter coups et blessures à mes adversaires. Aussi me semble-t-il très dangereux de descendre dans l'arène sans l'appui d'un protecteur d'une vaste et solide érudition, d'un jugement sûr et droit.

Voici donc mon Apologie contre les calomnies de quelques docteurs de Louvain. Sur la promptitude que j'ai apportée à y répondre il n'est pas de meilleurs témoins pour l'attester que l'honorable Seigneur *Lucas Bonifius*, votre secrétaire, qui a vu, qui a lu une partie assez grande de cette apologie; et le vénérable Don *Bernard de Pultrineriis*, majordome de Votre Éminence, dans la chambre duquel, par un travail assidu de nuit et de jour, je l'ai achevée si vite que, l'opuscule de mes adversaires m'ayant été présenté le 15 décembre (2), j'ai pu terminer mon apologie avant les dernières calendes de février. J'ai pu également la donner au Président du Parlement de Metz. Mais je ne devais pas la publier avant qu'un décret de ce même Sénat ne m'ait autorisé à la transcription de ces articles calomnieux contre moi. Malgré cela, le châtiment a devancé le jugement et l'instruction de cette affaire : sans connaître la cause, sur de simples soupçons, j'ai été condamné par des gens qui, mettant de côté l'autorité du Parlement, se sont arrogé le droit de juger, gens qui, étant mes accusateurs et mes ennemis, ne cherchaient pas tant à me juger qu'à me faire perdre ma cause. Voilà plus de dix mois que j'attends en vain ce décret du Parlement. Je ne serai donc pas si prodigue de mon honneur, si cruel pour ma réputation, si lâche déserteur de mon innocence pour paraître accepter par mon silence une accusation si cruelle d'hérésie, d'impiété, de scandale, que ces hommes pervers, falsificateurs éhontés de mes écrits, ennemis acharnés de ma renommée m'ont lancées à la face.

Ne suis-je donc pas forcé, avant le jugement, de la publier après en avoir revu quelques passages et ajouté quelques compléments, tout cela

(1) Charles-Quint.
(2) Le 15 décembre 1531.

sous l'autorité de votre nom ? Je le fais avec d'autant plus d'assurance
que Votre Eminence m'a encouragé à répondre, à me laver d'accusations
si horribles, en me recommandant toutefois modération et douceur. Par
suite de cette dernière recommandation, je n'ai pu répondre avec autant
de franchise, autant de véhémence que ces perfides calomniateurs l'avaient
mérité. Ces gens-là, vous le savez bien, n'ont pas seulement procédé contre moi par des articles calomnieux ; ils ont adopté aussi mille moyens
détournés pour me nuire en secret, allant jusqu'à des accusations capi-
tales, employant des ruses, des fourberies assaisonnées d'aconit, subor-
nant l'un et l'autre. Ils ont répandu contre moi tant de venin, mortel soit
à la Cour de l'Empereur auprès de puissants personnages, soit dans les
chaires devant une foule ignorante, qu'il m'est difficile de garder mon
sang-froid en face de persécutions si odieuses. Certaines de leurs calomnies sont telles qu'elles feraient sortir de son naturel l'homme le plus
patient ; puis-je, dois-je même y rester insensible ? Aussi, dans la dite
Apologie, si je parle un peu trop librement contre ces gens malfaisants,
ne suis-je pas en droit de le faire, d'autant plus que je ne cache point
mon nom et que l'Empereur m'a donné ordre de me défendre contre ces
calomnies, ces accusations, ces injures ?

Du reste, ils les ont répandues au mépris de toute autorité en anonymes,
en m'attaquant lâchement par derrière. Certes, je n'ignorais pas, au début
de ma *déclamation* (1), que je récolterai la haine comme récompense de
mon savoir, que je rencontrerai, étant opposé à leurs opinions, la férocité
sauvage des Gymnasiarques, la politesse hypocrite des Sophistes, la fureur
de nos Professeurs, les embûches des Scolastiques, les ruses des pseudo-
Moines. J'avais bel et bien prévu tout cela ; mais jamais je n'aurais pu m'imaginer que, contre l'habitude des gens érudits et honnêtes, ils ne se conten-
teraient pas de discuter simplement mes idées, de prendre la plume pour détruire mes conclusions, ou de me provoquer à une discussion solennelle et
publique, sans avoir recours à des insinuations perfides, à d'insignes calomnies pour me flétrir dans la bonne opinion de l'Empereur. Je n'ai pu ainsi
leur faire voir ce dont j'étais capable comme s'ils avaient écrit et discuté
ouvertement contre moi. A coup sûr, je ne redoute point leur science,
mais je crains leur violence. Je n'ignore pas quel danger je cours au
milieu de cette meute d'ennemis contre lesquels la lutte que j'ai entreprise me semble devoir être éternelle, surtout lorsque je vois que leur
incroyable tyrannie reste impunie. Or, les professeurs d'Universités avaient
coutume autrefois de me convier à des discussions publiques ; — confus
maintenant de l'insuffisance de leur savoir, ils les ont prises en horreur et
prétendent vaincre par la violence ce qu'ils devraient réfuter par le raisonnement.

Je connais ceux dont dépend l'opinion de César, quels sont les Théologiens qui l'assistent ; je sais combien la vérité est odieuse, mais elle
triomphera devant un juge équitable ; l'innocent ne sera pas effrayé par
l'accusation ; il est cependant pénible et dangereux de plaider sa cause par
devant ses adversaires.

(1) *De vanitate scientiarum et artium.*

Si l'Empereur était au courant de toutes les circonstances concernant mon affaire, de toutes les injures que j'ai reçues, s'il connaissait mes écrits par lui-même, peut-être son esprit serait-il mieux disposé à mon égard ; il ne me regarderait pas comme le dernier des hommes ; — mais, la plupart du temps, à la Cour des rois, la méchanceté des détracteurs a plus de puissance que le crédit des gens de bien. Celui qui calomnie n'est pas seulement coupable, mais encore celui qui prête l'oreille à la calomnie. Ces accusations ne m'auraient certainement pas atteint, ces mauvaises langues n'auraient pas réussi à me nuire, si elles n'avaient pas rencontré des oreilles ouvertes au mal. Mais j'ai confiance en mon innocence. Je ne serai point convaincu de crime et je ne fais qu'un seul vœu : celui d'avoir un juge à la fois intelligent et impartial, comme vous, par exemple. En conséquence, je prie et supplie à nouveau Votre Eminence de ne pas me fermer son cœur, et, bien que vous soyez accablé d'affaires nombreuses et des plus importantes, qu'elle m'accorde un peu de son temps pour prendre connaissance de mes écrits et de mes réponses, jusqu'à ce qu'elle possède à fond ma cause. N'envisagez pas avec peine que je vous réclame comme mon protecteur dans un procès que, sans doute, bien des gens vous dépeindront comme odieux. Il ne peut vous déplaire de lutter contre de perfides faussaires, contre des sycophantes impies et criminels, pour prendre la défense de la Piété et de la Bonne Foi. Fasse Dieu que son Eglise soit purgée de la souillure de tous ces hérétiques et des ténèbres des Sophistes ! Puisse-t-elle recouvrer son antique splendeur ! Puissiez-vous y trouver vous-même salut, gloire et prospérité ! Adieu, le plus cher des amis.

LXV

Agrippa à un ami (1).

Bonn, 13 novembre 1532.

Personne, illustre Lucas, ne peut témoigner mieux que vous de la promptitude avec laquelle j'ai répondu relativement à mes articles que la cohorte impie des Théosophistes de Louvain taxent d'impiété et de scandale. C'est vous qui avez vu, lu, entendu alors la majeure partie de l'improvisation de mon apologie. Voilà déjà dix mois que j'ai communiqué au Parlement de Metz la dite Apologie, et j'aurais dû recevoir de lui acte du dépôt de ces articles. N'ayant rien reçu à ce sujet, j'ai résolu de ne pas abandonner moi-même mes propres intérêts. Aussi ai-je publié cette Apologie, et cela sous le haut patronage de mon Révérendissime Seigneur et

---

(1) *Lucas Bonfius*, secrétaire du Cardinal Campegio. Conf., page 111 précédente, lettre d'Agrippa à ce cardinal.

Protecteur le Cardinal Légat Laurent Campegio, qui m'a conseillé de le faire en raison de la justice de ma cause. J'ai eu le courage de suivre ce conseil ; mais, comme dit le proverbe : *en semant une vieille querelle on doit s'attendre à en récolter une nouvelle.* Je suis la preuve vivante de la vérité de cet adage, et, plus je me fais petit en face de ces Vandales, plus ils me méprisent. Pourquoi vous en dire davantage ?

Depuis votre départ, on ne m'a rien donné après toutes les promesses que j'avais reçues, et tous ces parchemins solennels de l'Empereur ne sont plus que des bagatelles sans importance, des grimaces de mimes, de véritables bulles de savon ! On peut dire d'eux ce qu'on dit de l'Echo : *ce sont des sons qui n'ont aucun corps.* Je l'avoue ingénument : j'attendais des Bourguignons plus de bonne foi et plus de probité qu'ils ne m'en ont montré en réalité, et je ne puis oublier ce dicton Français : *Qui dit Bourguignon dit traître.* Puisque je ne puis donc attendre d'eux la moindre parcelle de condescendance, de bonté, de justice, je suis absolument décidé à expectorer contre eux toute ma bile, raconter toute l'affaire, l'exposer au grand jour. Aussi ai-je soumis toute cette question litigieuse de mon Apologie à *Eustache Chapuys,* ambassadeur Impérial auprès du Roi d'Angleterre (1). On imprime aussi actuellement le tout ensemble à Bâle ; si l'impression en est déjà terminée, le même messager vous remettra quelques exemplaires pour vous et pour *Don Bernard* (2). Si l'impression n'en est pas complètement finie, j'aurai soin qu'on vous les remette le plus tôt possible.

Mon ouvrage sur la *Philosophie occulte* est actuellement sous presse à Cologne : il va paraître environ vers la Noël (3). Je vous en enverrai aussi quelques volumes. En attendant, veuillez ne pas m'oublier et surtout pensez aux affaires qui m'ont fait réclamer votre appui. Obtenez pour moi du Pontife un bref ou un diplôme, et tâchez de me conserver l'amitié et la protection du Cardinal Campegio. Veuillez, en résumé, me faire le plus de bien possible.

LXVI

Agrippa à un ami (4).

Bonn, le 13 novembre 1532.

Je vous dois beaucoup et je vous aime beaucoup aussi. Plût à Dieu qu'il fût en mon pouvoir de vous surpasser par un échange de bons offices ! Je ne puis en ce moment vous dédommager que par ma reconnaissance et

---

(1) Henri VIII.
(2) Don Bernard de Paltrineriis, l'économe du cardinal Campegio.
(3) Voir la lettre suivante, qui indique cette même date. — *La Philosophie occulte* ou *la Magie,* première traduction française complète, Paris, 1910-1911, 2 v. 8°, avec portrait d'Agrippa, 15 fr., a paru à la BIBLIOTHÈQUE CHACORNAC.
(4) Cet ami est Don Bernard de Paltrineriis.

mon amitié. Ma situation est telle en ce moment que je dois me borner à affirmer, à attester que partout où vit *Bernard*, il se montre mon défenseur, mon protecteur le plus fidèle ; partout, en revanche, où vit Agrippa, il se dit le plus obligé, le plus reconnaissant des clients et des amis de Bernard.

Voici où en sont mes affaires chez les Bourguignons du Brabant. Les trésoriers de l'Empereur ne me paient point ce qu'ils me doivent ; non contents de m'accabler de leurs refus frauduleux, ils m'accablent sous le poids de paroles pompeuses. Rien de ce que César avait décidé à mon égard ne reçoit de conclusion. Le Turc (1) a absorbé tout mon argent ; je me suis enfui avec toute ma famille ; j'ai même emporté ma Bibliothèque ; mais je crains que si un Dieu, venant à mon secours, n'apporte un dénouement à la tragédie, je ne puisse échapper sans danger et sans dommage à une catastrophe.

Mon livre sur *la Philosophie occulte*, augmenté, corrigé, châtié, est sous presse. Déjà plusieurs feuilles de quatre pages sont composées : il paraîtra tout entier vers les fêtes de Noël. Alors, si je puis trouver un messager sûr et fidèle, je vous en enverrai quelques volumes ; sinon, j'attendrai le messager que je vous ai déjà envoyé. En attendant, je vous prie de m'écrire ce que vous faites, ce que vous devenez, quelle est l'entreprise secrète où vous vous êtes engagé.

Avez-vous reçu *la Cabale* de Samuel et notre Livre de la main d'*Augustin Fornari?* Si vous voulez m'associer à quelque travail de ce genre, veuillez m'envoyer quelques bons livres. Adieu, très cher. Recommandez-moi au Seigneur l'Eminent Cardinal Campegio et saluez en mon nom toute votre famille.

LXVII

Agrippa à Erasme.

Bonn, le 13 novembre 1532.

Dans la lettre que Polyphème m'a remise d'autre part avant la Foire, vous m'annoncez, cher Erasme, que vous succombez à la langueur du corps, à la fatigue des travaux de l'esprit, aux tracas que vous cause le bâtiment que vous élevez. *C'est pour tous ces motifs*, dites-vous, *que je ne puis vous écrire plus longuement.* Vous m'aviez promis toutefois de m'écrire plus joyeusement et plus longuement après la Foire. J'ai attendu patiemment votre lettre, ne voulant pas encore vous importuner ; ayant trouvé une occasion favorable de communiquer avec vous, j'ai résolu de rompre le silence, non pas pour vous demander de m'écrire, mais pour vous avertir que je n'ai reçu aucune lettre de vous, afin que si, par hasard, vous m'a-

---

(1) Agrippa fait ici allusion à l'un de ses créanciers, probablement l'irréductible *Falco.*

viez écrit et que votre lettre se fût égarée ou eût été interceptée, vous ne m'accusiez point de lenteur, de paresse, de mauvaise volonté à vous répondre. Si donc vous devez m'écrire, vous adresserez la lettre à Cologne, à *Tillmann de Fosse*. Celles que je vous écrirai, je les adresserai à Bâle, soit à *Froeben*, soit à la *Cratandre*. J'espère ainsi que ni l'un ni l'autre de nous ne sera leurré dans son attente.

Du reste j'ai voulu seulement vous faire savoir que la guerre continue entre moi et les *Théosophistes de Louvain*. Jusqu'ici assiégé dans mon propre camp, je me suis borné à répondre aux diverses attaques par des sorties de peu d'importance ; maintenant que le combat devient acharné, j'ai ouvert les portes et suis sorti armé de toutes pièces, me présentant carrément au combat. Les auxiliaires Parisiens et ceux de Cologne ne leur manquant point, je ne sais moi où je trouverai des alliés. Mais je sais que ma cause est telle que nulle contradiction ne peut l'anéantir, aucun mensonge l'atteindre ; ni le manque d'avocats ni la mauvaise foi des juges ne peuvent l'amoindrir en quoi que ce soit. Ainsi fortifié, je ne crains point, même seul, d'entrer en lice. Si j'en sors victorieux, la gloire ne sera pas moindre pour moi que pour vous ; je combats vaillamment non pas seulement avec mes armes propres, mais avec les vôtres, et je m'élance avec d'autant plus de hardiesse à la lutte pour la même raison. En moi vous verrez bientôt un soldat nouveau s'avancer pour combattre avec une franchise et un sang-froid imperturbables. Vous en rirez, je le sais ; d'autres l'admireront. Les sophistes en crèveront par le milieu ; pour moi, je vaincrai ou je m'en tirerai honorablement. Adieu, pensez à moi.

LXVIII

Agrippa à Erasme.

Bonn, le 22 novembre 1532.

J'ai honte, illustre Erasme, de vous importuner par des lettres si fréquentes, et qui ne renferment autre chose que bonjour et bonsoir, surtout vous qui avez tant à faire. Mais, comme votre jeune serviteur est passé par ici, qu'il était chargé de me transmettre vos salutations, j'ai craint d'être taxé d'une honteuse ingratitude si je ne vous répondais point. Le respect que j'ai pour votre grand nom ne m'a pas permis de rester silencieux à votre égard, et m'a mis à la main cette faible plume, pour vous dire simplement que, si vous avez besoin de moi, si je puis vous être utile en quelque chose, usez de mes services comme vous l'entendrez. Le cœur d'Agrippa n'hésitera jamais, ne se lassera jamais quand il s'agira de vous être agréable.

Je vous ai écrit le 13 de ce mois par l'entremise du secrétaire du Révérend Cardinal Campegio (1). *Cratandre* de Bâle vous devait remettre cette lettre. C'est un imprimeur. Il pourra vous dire quel est l'acharnement de la guerre entre moi et les Théologiens. — Adieu, illustre et cher ami.

LXIX

Erasme à Agrippa.

Fribourg, le 9 décembre 1532.

Pensant qu'il valait mieux me taire absolument que d'y répondre à la légère, j'ai jusqu'ici négligé de répondre à vos lettres. D'ailleurs, jusqu'ici, le temps m'a fait défaut et l'occasion ne s'est pas présentée. Je ne sais quel est le Secrétaire dont vous me parlez. Quant à *Cratandre,* il ne m'a pas remis votre lettre où vous faites l'histoire de la Théologie. Si vous voulez que, par la suite, ce que vous m'enverrez me soit fidèlement remis, confiez-le à *Jérôme Frœben.*

Je suis affligé de voir que vous avez affaire à ces frelons. Peu de gens ont pu se féliciter d'avoir eu maille à partir avec eux. Si Dieu le permet, je vous écrirai plus longuement ce printemps prochain. En attendant, persuadez-vous bien qu'Erasme est un de ceux qui veulent du bien à Agrippa. Adieu.

LXX

Agrippa à Erasme.

15 avril 1533.

Illustre Erasme, je vous aurais écrit sur des questions aussi nombreuses qu'intéressantes si je n'avais attendu de vous des documents plus nombreux et plus importants encore que les miens. Dans une lettre précédente vous me promettiez en effet de me donner, quand vous en auriez le temps, une réponse indispensable et détaillée. Je n'ose point venir vous arracher à vos nombreuses occupations, sachant bien que je ne suis pas homme à vous rendre l'équivalent de ce que j'attends de vous. C'est cependant avec le plus impatient désir que je vous demande et que j'attends votre lettre. Ne négligez point cet Agrippa qui vous porte une si vive affection. L'ouvrage que je faisais imprimer à *Bâle* contre quelques Théologiens m'est revenu sans l'être entièrement, sous prétexte qu'il offense un grand nombre de personnes. Je le ferai imprimer ailleurs. Je vous ai en-

(1) Lucas Bonfius. Voir la lettre précédente, p. 115.

tretenu plus longuement à ce sujet ; mais j'ai su soit par votre lettre, soit de *Catandre* lui-même, que vous n'aviez pas reçu la mienne. Je vous en parlerai en temps et lieu. Qu'il vous suffise de savoir à présent que l'illustre Prince-Electeur, Archevêque de Cologne, qui est très amateur de vos écrits, qui vous aime, vous chérit, vous vénère uniquement, aspire à votre amitié, veut vous voir et vous entendre personnellement. Il m'a prié de vous écrire, de vous demander si vous ne pourriez pas venir cet été passer quelques jours auprès de lui, soit à Bonn, soit à Cologne. Il fera tout son possible pour que vous n'ayez pas à vous repentir de ce voyage. Dites-moi ce que vous voulez faire à ce sujet. Je ne sais qu'une chose, c'est que, si vous venez, vous trouverez en lui un Prince d'une âme vraiment chrétienne et à l'aide duquel vous pourrez faire beaucoup pour la prospérité de la république chrétienne et pour la tranquillité publique.

Adieu. Ecrit à la hâte.

FIN

TABLE ANALYTIQUE

SECONDE PARTIE

EXTRAITS, ANNOTÉS ET TRADUITS POUR LA PREMIÈRE FOIS DU LATIN, DE LA COR-
RESPONDANCE D'AGRIPPA AVEC SES AMIS ET LES PERSONNAGES DE SON TEMPS.

INDEX ALPHABÉTIQUE

—

ACHEVÉ

LE PREMIER JUILLET

POUR LE COMPTE DE LA

BIBLIOTHEQUE CHACORNAC

SUR LES PRESSES DE

BLAIS ET ROY

POITIERS

1911

For EU product safety concerns, contact us at Calle de José Abascal, 56–1°,
28003 Madrid, Spain or eugpsr@cambridge.org.